"十二五"高等院校应用型系列规划教材

期货模拟交易实验教程

Qihuo Moni Jiaoyi Shiyan Jiaocheng

主 编 罗 威

副主编 谢灵斌 李喆

西南财经大学出版社
Southwestern University of Finance & Economics Press

序

　　期货模拟交易实验是一门实践性较强的课程，本教材在借鉴其他院校所使用的同类教材的基础上，结合重庆工商大学融智学院期货专业学生重实务操作的特点，从学生毕业后从业的真实环境出发，通过有意义的实验教学培养学生的实际交易分析能力。

　　本教材的特点如下：

　　一、教材内容结构设计合理

　　本教材的内容分为三个部分：第一部分为交易前的知识准备。该部分内容并不是期货投资基础知识，而是交易中非常重要的交易哲学、交易体系、交易信号和风险控制这四大交易终极问题。交易者一生的交易都是在对这四大终极交易核心内容不断进行思考的过程。第二部分是实验基础部分。该部分的主要任务是让学生熟练使用常用软件。这一部分完全以常用交易分析软件为介绍内容，包括主流的文华财经和博弈大师两款交易分析软件的使用，为学生熟练使用交易分析软件做准备。第三部分为实验项目，这一部分根据实际交易中经常涉及的交易分析操作为实验对象，要求学生掌握期货交易分析中的常见操作。这三部分内容设计合理，既做到了理论指导实践，又充分让学生和实务交易分析零距离接触。

　　二、体现了所学即所用的教学理念

　　纵观全国高校期货实验教材，发现讲述期货交易分析软件的不多，即使讲述软件，也是讲述如何使用学校所购置的模拟交易实验软件，这些软件的交易界面、使用方法与实务界存在很大的差距，而且这些模拟交易实验软件主要是服务于教学的，与真实的交易分析软件偏差较大。而本教材同时介绍了实务界主流使用的软件使用方法，就满足了学生所学即所用。甚至学生如果自己开立了真实的期货账户就可以以实务界的交易分析软件来完成实验。

　　三、体现了较高的实战性

　　本教材的主编者有十年以上的交易经验，所以在编写这本教材的许多内容时都倾注了编者多年的心血和思考。这本教材的编写初衷就是在尽量真实的交易环境下让期货专业的学生尽快掌握实战交易所需要的交易原则、方法和心理。本教材体现了较高的实战性。

　　希望学生通过本教材的学习能够切实提高期货实务操作能力。

罗　威

2012 年 11 月 28

目 录

第一章　交易哲学

交易是一件主观性较强的经济活动，虽然表现为一买一卖两次动作，但不同的人交易的动机不一样，交易的依据不一样，个人的性格特征不一样，交易的结果也就不一样。从长期交易结果来看，期票市场的亏损面大约是 80%，期货市场的亏损面是 90%，黄金、外汇、现货电子盘的亏损面更是高达 95% 以上。整个投资市场被二八定律所统驭，20% 的人和市场中介赚了 80% 的人的钱，由于大多数人的钱跑到市场组织、监管和渠道提供者及少部分人的口袋中去了，少部分人就赚得比较多，成为大多数亏钱人的榜样，所以这个对大多数人来讲是个亏钱游戏的投资市场就可以长期维持下去了，因为赚大钱的榜样作用是极其巨大的，每一个人都想成为赚大钱的成功者。

投资市场是一个少数人赚钱，大多数人亏钱的绞肉机，我们感兴趣的是什么决定了投资市场参与者的长期输赢。经过十几年的探索，我们认为是投资者的交易哲学决定了投资者的长期输赢。

投资者的交易哲学是投资者在长期的交易实践中感觉和摸索出来的对交易市场的性质、交易目的、交易方法、交易者自身性格心态特征的基本信念和基本看法。

第一节　对期货市场的认识

期货市场的性质从不同的角度观察会呈现出不同的性质，这些不同角度从各个方面提供了认识期货市场不同特性的视角。

一、从总体上讲，期货市场是一个动态负和博弈市场

期货市场是一个资金不断流进流出的市场，资金的流入项包括新老期民的新增投入期市的资金，资金的流出项包括期货公司的交易佣金。按每两天换手一次计算，全年 100 次换手，每次换手的交易费用为保证金的千分之一，一年平均资金损失近百分之十，这就是为什么期市是一个动态负和博弈的根本原因。这也是期货市场风险大于期票市场的原因。这就好比投资者去茶馆打麻将，不同的人进进出出非常热闹，茶馆的生意有时因为人多而兴隆，有时因为人少而冷清，但总的来说一年下来，去茶馆打麻将的所有人总体上是输钱了，因为每次打麻将都要交茶钱。

二、从参与者的身份看，期货市场由散户和机构构成

期市参与者的结构问题是期货市场重要的特征之一，从参与者的身份来看，期市

是由散户和机构投资者共同构成。散户是资金较少、投资技术较低、信息较缺乏和滞后的个人投资者，大多数属于业余操作者；机构投资者是拥有资金、技术、信息优势的专业投资者。

散户和机构投资者再加上监管者——政府，这三者一起构成了期市的三元生态链。散户是三元生态链中的最底层，他们是为数众多、味道鲜美的"沙丁鱼"；机构是三元生态链中的中间层，他们如同鲨鱼，主要的猎杀对象就是散户；而监管者就是生态链上的最高层，他们建立期货交易所，制定交易制度，他们是最大的赢家，通吃机构投资者和散户。

三、从参与者的投资水平看，分为初级、中级、高级三个水平

从投资者的投资水平分类，可以将投资者分为初级、中级和高级三个阶段。初级投资者是指入市不长，投资经验较少、分析技术不强的投资者。这一阶段的投资者往往处于亏钱阶段，初级水平的投资者的主要任务是逐渐熟悉期货市场，掌握了初步的期市知识，学会了简单的一些分析方法，但对整个期货市场没有统一客观的认识，掌握的知识也是支离破碎的，即使从自己有限的实盘交易中获得的交易经验也是残缺不全的，这一阶段一般人所需经历的时间一般是 1～2 年。中级投资者在经过了初级阶段后，逐渐树立了对期货市场较为客观的认识，在对许多分析方法做了尝试后逐渐对这些方法的实用性有了自己的评价，之后会对自己认为有效的分析方法进一步研究和使用。在经历了大量的实盘交易之后对一些交易原则有了重新的认识，这一阶段一般是时而亏损，时而赚钱，总体输赢不大。这一阶段一般需要耗费投资者 2～3 年。大多数投资者在经历了前面两个阶段之后通常就不能前进了，因为在期货投资过程中，由于期货市场的涨跌的规律变化莫测，加之人性的弱点会在期货市场中放大人的错误，所以经过几年的辛苦摸索后，许多人还是无法赚到钱，在事实面前，许多人再也坚持不下去了，他们或者认为自己不适合做期货，或者认为这条道路太艰难而无法继续走下去，所以大多数人都止于第二阶段。真正的赢家是跨越第二阶段进入第三阶段的人，对应的级别就是高级水平。高级水平的核心特征是能做到持续稳定获利，高级水平阶段的投资者都建立了一套自己使用起来得心应手的交易体系。这一个阶段的投资者对期货市场、人性、自身都有非常深刻的认识，天才要达到这个阶段起码要 5 年以上的功力，正常人可能要在期货投资的道路上走上 10 年左右。

四、期货市场涨跌的根本动力

期货价格涨涨跌跌，变化莫测，许多投资者的心思全部放在如何分析和预测价格的涨跌的方向、价位和路径上。那么期市涨跌的根本动力是什么？

期货市场价格涨跌的根本动力是商品的供求关系，期货市场的商品大多是需求巨大的基础性商品，这些商品受到资金操控的可能性较小，所以商品的价格波动主要是受制于商品的供求关系，供大于求价格上涨，供小于求价格下跌。而期货是远期的商品价格，所以期货价格的根本决定因素是商品的供求。

五、期货价格具有随机性、趋势性、波动性、跳跃性及周期性特征

要认识期货市场，对期货价格的特性也必须要有深刻的认识，这是我们进行分析、设计交易系统所必须依据的基础认识。

期价具有随机性，这是投资人的第一印象，价格忽涨忽跌，没有多少规律可言。那么从实际统计科学来看，大量的实证研究表明期价在大多数时候具有显著的随机性，学术上称之为期价的"布朗运动"。这种随机性给分析预测期价的人带来了莫大的难度，预测期价无疑成了预测林中的鸟在下一刻将飞向何方的问题，这也就解释了为什么那么多人孜孜不倦地试图掌握预测期价的技术，但实际结果却显示大多数人亏损的事实，因为期价在大多数时候都是随机的。请注意我们说的是大多数时候而不是全部时间期价都具有随机性，真实的情况就是，大多时候期价呈随机运动，我们的分析预测的效果基本没用，我们的分析预测只有在少数非随机时间才可以发挥较好的效果。

前面说大多数时间期价具有随机性，那么在其他时间则表现为趋势性，趋势性是指期价在这段时间内具有连续向上或向下运动的特性，在 K 线图上我们很容易一眼看见或用趋势线将其标出。对前面趋势我们主要是根据表现形式来定义的，那么趋势是如何产生的，一种解释是从信息传播的先后顺序来进行的，具体解释如下：具有方向影响力的信息传播是需要时间的，在信息传播的过程中不断增加的买卖力量会使这段时间的买卖力量出现不平衡，从而产生趋势性的力量导致趋势走势。

期价的波动性是毋庸质疑的，期价的运动很少是直线型的，在绝大多数时候都是有时上涨、有时下跌，涨中有跌、跌中有涨。只不过在趋势行情中的波动是有方向性的，而在盘整行情中是无方向的水平运动，这种期价的波动性的根源在于买卖双方是千万个独立的个体，其买卖理由千差万别，各种期价的影响因素的冲击也具有随机特征，所以期价的波动性就随处可见。

期价的第四个特性是跳跃性，这个跳跃性表现为期价在短时间内急剧上涨或下跌的走势，这和期价在大多数时候不上不下，小涨小跌完全不同，在少部分时间期价的这种爆发式运动就称之为跳跃性。K 线图上表现为大阳大阴线，巨大的跳空缺口就是独特表现。这种跳跃性表现为如下性质：第一，发生的概率较低或者说时间较短；第二，价格急剧爆发，在短期时间内强烈涨跌；第三，不可预见，因为这种情况的发生往往是因为巨大的突发性的利好利空消息横空出世造成的，有力度的信息本身发生的概率就小，而且一般具有突发性。

期价的最后一个特性是周期性，周期性是一个大尺度特性，表现为牛熊更替，阴阳循环。当然这个特性是对于长时间来讲的，期价在长时间具有反复的特性，这个特性就是投资者不断经历的由于人性贪婪导致的牛市行情，以及人性恐惧所导致的熊市行情。牛熊更替的根源又来源于经济的周期性，经济的周期性又来源于市场经济分散决策的个体对价格信息的不完美反应。

第二节　对人的预测能力的认识

投资者进入期市投资总想通过各种努力提高自己对期市的预测能力，许多人在上面花了许多时间，但事实是掌握高超期市预测能力的人并不常见，而媒体不断地挖掘出各种各样的"期神"以及他们惊人的财富故事，这些高大光辉的榜样一方面会吸引人们对期货市场的向往，另外一方面使得在追求多年还屡战屡败的期市投资人自叹技不如人，于是有些人放弃了，有些人还在坚持，他们坚持继续去提高自己的预测能力，仿佛人们认定那些在期市上赚了大钱的人都是预测期市本领高强的期市高手，自己之所以亏钱只是自己没有找到预测期市的方法。这样的认识对吗？本节将仔细分析，详加论证。

一、预测期市具体所包含的内容

很明显如果某个人对期市未来的运行了如指掌，那么赚钱就是十拿九稳的事，绝大多数人认为预测能力是投资期市最大、最重要的技术，既然是一门技术那就要求具有某种程度的可操作性和可检验性。细细想想投资人经常挂在嘴边的预测，究竟是要预测什么？前面说预测是为操作服务的，现在我们静下心来想想，从期市操作的角度，预测究竟包含什么内容。现在我们要开始投资期货，第一步肯定是要在目前二十几种期货品种中选出一些作为操作对象，由于种类较少，因此选起来比较容易。第二步就是要开始交易了，交易就面临着预测未来期价的变动方向问题，是上涨还是下跌的问题或者说是涨跌的方向问题，这个问题需要预测吗？答案是显然的，既然上涨或下跌是不确定的事情，预测就有用武之地，好的交易者总是能在开仓后就占据优势，换句话说他们开仓后大多数时候行情就会向头寸有利方向运动。进一步假定我们通过预测决定买入，接下来我们在任何时刻都可以选择持有或卖出，持有是预测期货还将涨，卖出是预测期价将发生较大下跌。从操作的完美性上看我们总希望买在低点，卖在高点，所以我们还想预测买入后的目标价位，这个目标价位最好就是阶段性高点。假定买入点和目标价位知道了，我们就一定会赚钱吗？也不一定，因为买入点到目标价位的运行路径有多种多样，有的是直线到达，有的是小幅波动到达，有的是宽幅震荡到达，不同的路径会使投资者产生不同的心理感受，从而产生相应的操作。从上面的分析看，期价预测细分为运动方向、目标价位和运行路径三个内容。接下来我们开始分析，从认识论上看，人们对预测的这三个内容能够做到什么程度，是可以较好地预测，还是不好预测或是根本就不能预测。

二、人类对期市预测所能达到的程度

下面分三部分对预测的三个内容分别分析论述，分析论述主要是通过对主流的基本、技术分析方法来进行的：

1．人类对期价运动方向预测所能达到的程度

前面讲期价的运动在大多数时候具有随机性，少数时候具有趋势性，做交易的人都有一种感觉，就是钱好赚的行情一般是趋势行情，这段时期期价被内在的一种力量控制，以趋势前进的形式运行；而在行情处于盘整时期，期价时上时下，摇摆不定，盘整期的操作也是频频出错，相应赚钱就相当困难。如果将期价在某段时间既不创近期新高又不创新低的行情定义为盘整区间，统计显示趋势行情与盘整行情持续的时间比为4∶6，或者说期货市场40%的时间在做趋势运动，60%的时间是无方向的水平盘整。盘整行情主要体现的是期价的随机性，任何技术在盘整区域的预测能力都非常低，或者说不能预测。那么在趋势行情中是否所有时间都能较好地预测未来期价的运动方向呢？从所有走完的趋势行情来看，我们很容易找到这波趋势行情的最低起点和最高趋势卖点，但在实际操作中，最低点和最高点当时是无法确认的，只有等到后来较久了以后才知道，因此一段趋势行情的起步段和结束段有相当一部分是抓不住的。抓不住的原因主要是趋势的起始段和结束段往往处于某种盘整段或相反的运动趋势中，在没有最终突破盘整段之前或大幅度的反转前，最好的分析就认为它们正在盘整段或是前面的大趋势线中，这时一般不采取买卖行动。等正式突破或明确信号出来之后，交易好手才会动手买卖，真正能抓住的只能是中间一段，而中间一段趋势行情一般在整段趋势行情中占的时间不到三分之一。为什么交易好手要等待这一段时间进行交易呢？因为这一段属于预测方向比较准的时候，应用的原理就是大家熟知的"趋势在没有破坏之前，就假定趋势将继续运行"。从上面的分析可以知道我们大约是在趋势行情时间的中间的三分之一段时间或者说总时间的12%左右的时间，通过辨认已经从盘整区域突破的趋势，应用"趋势在没有破坏之前，就假定趋势将继续运行"的原理来进行预测，在有丰富经验的情况下是可以做到预测准确率达70%左右。

基本分析对期价运动方向的预测性主要体现在长期方面，但运用基本面信息预测期价未来运动方向的时候会遇到如下问题：

（1）有些基本因素很难准确量度。比如我们知道信心乐观有利期价上涨，信心悲观促使期价下跌，但如何衡量信心是悲观还是乐观，程度是大是小就比较困难和主观了。

（2）对于商品未来供求预测很难准确。商品供求是由许多分散的个体构成，很难准确化。

基本面分析对中短期的行情走势帮助不大，除了一些确定性较高的基本面信息可以在开盘前作出较好的方向判断外，大多数的基本面信息对中短期的行情走势预测没有多大的帮助，这是由于同样的基本面冲击信息处于不同的市场环境中，不同的主流心理中，不同的宏观环境中，行情的反应都不一样。例如中央银行提高银行准备金率在不同的心理预期下可能导致涨或跌，可以因为人们理解为市场流动性收紧而预期变差下跌，也可以理解为央行是为了对市面上充沛的流动性进行调节所产生的暂时之举，甚至可以理解为"另外一只鞋"落地或者提高幅度低于预期，理解为利好消息而上涨。

技术面的预测技术可长可短，所以技术分析就没有分析长短的天然限制，但技术分析是基于历史统计规律的外推来进行的分析和预测，其缺陷在于：

（1）技术分析由于根源于统计规律，没有从理性逻辑进行推演，所以没有必然性。

（2）不同的技术分析所分析的角度不一样，所得到的分析往往只代表一个角度，很难做到客观、全面，除非使用不同角度的技术分析后再综合分析。

（3）技术分析都有自己的适合分析的环境和不适合分析的环境，例如趋势追踪技术如果在盘整区域使用往往会是灾难，同样摆动技术指标在趋势行情中往往会钝化或不起作用，甚至起反作用。

对投资者对期市涨跌方向的预测能力的结论性判断综合如下：

（1）人类只有在趋势行情中的中间段容易根据趋势将继续而较好的应用惯性原理来对期市未来涨跌方向作出较好的预测，一个训练有素的交易者在这段时期的准确率可以做到70%左右，而在其他时间段进行的预测准确度较低。

（2）从行情运行的时间占比上看，上述适合进行期市行情方向预测的时间占总运行时间的比例一般在12%左右。

2. 人类对期价目标价位预测所能达到的程度

买在最低点、卖在最高点是波段操作的最高境界，但这个境界是人类可以做到的吗？要回答这个问题先让我们看看最高点和最低点是如何形成的。所谓的最高最低点是相对于某一个波段而言的，最低点是波段底部区域的局部最小值，想想行情走到了后来才知道的最低点，注意最低点的右侧当时还没有走出，现在我们来讨论是否可以预测出这个点就是最低点？前面谈到期价最大的特性就是随机性，特别是对于短时间来讲，即使对于趋势行情，由于行情的空间是由期价的跳跃性来完成的，在趋势行情的其他大部分时间期价的涨跌也几乎是50%的概率。所以不精确地说，期价在下一个时刻完全是随机的，因此总体而言，预测最低点是不可能的事情。同样的推理应用于最高点，结论依然是最高点是不可预测的。最高、最低点总是事后才会知道的，而当时是不可知的。

3. 人类对期价运行路径预测所能达到的程度

如果说人类在预测期价的运动方向在12%的特殊时间可以较好地预测，人类预测最高点和最低点是完全不可能的事情，那么人类是否可能预测未来时间段期价的具体走势，这个具体走势就是路径问题，我们经常所说的高开低走，震荡上行，三段式上涨，巨幅波动等专业术语就是路径术语。我们前面论证当期价运行到当下，未来的短时间期价呈随机状态，大约我们也只有在趋势行情的中间段可以依据趋势将继续原理在大约12%的时间对方向性问题做出预测，要准确预测期价在全段或某个特殊段的精确走势，我们必须知道精确的行为方程，时间为自变量，价格为因变量。但遗憾的是交易者的交易行为极其主观化，很多交易者的交易冲动非常不一样而且不具有稳定性，所以无法科学地找到交易者的行为方程，所以最终无法预测路径问题。

第三节　交易目的

交易是人类的一种特殊活动，而且是区别于本能活动的有意识的社会经济活动，这种交易活动有其深刻的交易目的。交易目的是指投资者进入期货市场实际或预期达到的目标。依据定位的不一样，我们将投资者进入期货市场的目的分为暴富目的、持续稳定获利目的、娱乐目的。有了前面对市场和人类认识能力的分析，我们可以较好地来分析交易目的问题了。

一、三种交易目的

1. 暴富目的

许多人进入期市的最初原因是受到了期市可以暴富的引诱，因为暴富符合人的本性，而期货市场又有许多或真或假的暴富事例被媒体或亲朋好友不断地发掘和加工，以一种不可抗拒的诱惑吸引着一批又一批的新期民加入进来。这些新期民大多怀揣着暴富目的开始进场交易。这种交易目的有如下的特点：

（1）持有这种交易目的的人多数是不明真相的新期民、初级期民。

（2）这些人没有对期市的正确认识，主要是在牛市中后期被炙热的市场氛围和各种各样暴富的实例所吸引而来的。

（3）有暴富交易目的的人交易时喜欢全仓或重仓买卖，甚至借贷买卖。

（4）有暴富心理目的的人喜欢热门期货品种，操作上喜欢追涨杀跌。

2. 持续稳定获利目的

持续稳定获利要求较长时间都能获利，而且获利要稳定持续。期市如战场，赚钱困难亏钱容易，在经过了艰苦的探索后，一些成功的交易者最后明白持续稳定获利是理性的交易目的，这种交易目的包含了许多理性成分，并且具有如下特征：

（1）期市运行分为趋势行情和盘整行情，持续稳定获利要求趋势行情大赚，盘整行情小赚或小亏，总体获利。

（2）市场的长期资金回报率大约为5%，持续稳定目标的理想回报水平是做到年平均20%以上。

（3）持续稳定获利目的将风险控制视为生命，将风险控制始终放在第一位，采取的方式主要是止损止赢和仓位管理。

（4）持有此交易目的的人多是经过期市摸爬滚打后成功的职业或业余交易高手，他们是高级交易者。

（5）要完成持续获利的关键是要有一套适合自己的交易系统。

3. 娱乐目的

娱乐目的的产生通常是交易了一段时间后，交易人发现通过期市暴富是一件非常困难的事，但又心有不甘或仅仅将期货交易当做是一项大众游戏，既不报有较大期望，但也不全然放弃，处于漫不经心交易的一种状态，我们将之定义为娱乐目的，持有这种交易目的的人就像是在游乐园花钱坐过山车，图的是刺激娱乐。持有这种交易目的的人的特征是：

（1）娱乐目的交易者多半经历了暴富预期目的破灭的阶段，最后认识到暴富是只有极少可能的。他们多半有几年的交易经验，但还没有找到持续获利的方法和手段。

（2）娱乐目的交易者有赚有亏，总体亏损但额度不大，仍然有继续玩下去的资本和信心。

（3）娱乐目的交易者的主流心态是投入一些不多的钱玩玩，赚了高兴一下，亏了也淡然处之，还可以与同事同学聊聊期货话题，增强一下交际谈资。

二、交易目的的评价

暴富交易目的往往是新手进入期市所持有的一种合乎人性的交易目的，在经过了期市的严酷洗礼之后，认识到期市赚钱不容易，亏钱倒相当容易的真相后，有些人改变交易目的为娱乐目的，只有那些有坚强意志又通过艰苦摸索的人逐步认识到期货市场的本质和规律后，在严格交易纪律和交易系统的保证下才开始将交易目的转变为理性的持续稳定获利。下面从不同角度予以评价：

1. 从交易目的持有者的身份评价

持有暴富目的和娱乐目的的交易者往往是业余投资者，暴富目的的业余表现为不切实际想追求高利润，娱乐目的的业余表现为对自己金钱的不负责任的态度和美好愿望与严酷现实的无奈选择。而持续稳定获利目的持有者的身份是投资水平较高的职业投资人和少部分业余投资者，他们正确认识了市场和自己，开发出了一套适合自己的交易系统，持续稳定地获得利润，他们是期市的常胜将军，是期市的收获者。

2. 从交易目的的交易水平评价

不同的交易目的对应着不同的交易水平，期市的长期收益状况是九输一赢。持有暴富心理和娱乐目的的人往往是那九输之人，他们有不切实际的愿望，但没有充分的准备和过硬的技术，在他们的眼中机会处处在，好运时时有，所以他们追涨杀跌，买来卖去，经常坐一下电梯，顺便给国家和券商做点贡献，一年下来才发现交易不仅没有赚到钱反而还亏损不少。而持有持续稳定赚钱目的的人基本上就是那一赢之人。他们在持续稳定盈利的目标指导下，不断加强对期市规律的认识和交易系统的不断建设，最后或多或少实现了持续稳定获利的目标，这部分人的存在是必需的，因为只有真实的赚了大钱的实例存在，才会吸引无数怀有自己也可以像成功赚大钱的人一样成为期市大赢家的人如飞蛾扑火一样进入期市，不出意外绝大多数人最终都成了炮灰，为那些拥有持续稳定获利目的的人做了嫁衣裳。

3. 从交易目的的客观性评价

交易的本质就是对概率下注，概率的判断的最高原则是主观概率和客观概率的高度一致。实际上就是要求我们的操作和判断要客观理性。暴富的交易目的是不切实际的，因为暴富的机会是有的，但它发生的频率是较低的，不常有，而且要暴富还需要重仓抓住暴富机会，这对交易者来说要求非常高，甚至是可遇不可求的，因为暴富机会在开始之初并不一定会和一般机会有多少不同，这就是暴富机会总是在事后清楚的原因，而对一般机会下重仓又是兵家大忌。所以重仓抓暴富机会大多数时候是困难的，还有一个困难是持有，我们有很多交易者都有这样的感叹，一波趋势上涨好行情下来，自己也买了最后看涨了 20 倍的行情，但遗憾的是自己卖得太早，实际上只赚了 30%。发生这样的事的原因是买入上涨了之后，持有人生怕赚到手的钱因为回调行情变少了，甚至最后竟亏了，所以忙不迭地卖掉了。所以暴富机会是可遇不可求的，而且从科学操作的角度看，一心去抓暴富机会是不客观的。娱乐目的首先交易目的就不够严肃和认真，交易是一件极费精力和需要深思熟虑的事情，漫不经心的随意交易本身就不够严谨，交易需要收集各方面的信息再综合判断，娱乐目的追求的随性和快乐是科学交易的大敌，一般来说让人感到舒服的操作基本上都是错误的。持续稳定获利的交易目的就是客观的，但前提是你必须有实现持续稳定获利的方法。因为期市的运行规律是牛熊更替，作为一个好的交易者，特别是职业交易者，你的衣、食、住、行都需要期市来提供，所以持续和稳定的获利就显得非常重要了，而且对于职业交易者而言，交易就是工作，工作目的就是获利，所以持续获利就是职业投资者的自然而然的必然追求。

第四节　交易方法

交易目的确定后，接下来投资者要选择合适的交易方法来实现自己的目的。交易方法是投资者在概率判断基础上建立的在某种条件满足的情况下进行买卖两次操作的可以重复的交易行为。交易方法依据交易频率可以分为短线交易方法、中线交易方法、长线交易方法；交易方法依据是否全程参与行情分为全程参与交易方法和择机交易方法；交易方法依据分析方法的不同可以分为基本分析交易方法、技术分析交易方法和基本技术混合分析交易方法；交易方法依据主观判断的多少分为机械交易方法和判断交易方法。

一、交易方法依据交易频率分类及其评价

1. 依据交易频率分类

交易频率是指在单位时间内交易次数的多少，不同的交易方法的交易频率是不一样的。一般而言持有期平均在几天之内的交易称为短线交易方法，持有期在几个星期到几个月时间的叫中线交易方法，持有期在一年以上的称为长线交易方法。

2. 短线、中线、长线交易方法的评价

短线交易方法是一种买卖信号发出较为灵敏的方法。短线交易方法要做得好需要有较高的正确率，因为短线交易一般的止损设得较短，不大的不利波动就很容易造成止损，所以正确率是短线交易方法的灵魂。短线交易的好处是亏损较少、交易结果很快会见分晓，正确率较高可以享受不断快速赚钱的快感和积少成多的累积效应；短线交易的不利之处是要求有时间时刻看盘，有较好的盘感，操作多、费精力，短线交易付出的交易费用较多。

中线交易方法也叫波段操作方法，其交易目的是抓获中期波段。中线交易方法的持有期和交易目的处于短期和长期交易方法的中间。波段交易的好处是利润较为客观，操作不频繁，压力不太大，在大段波动行情中的表现明显优于长期持有，中线交易不需要时时看盘；中线交易的不利之处是在趋势行情中容易操作失误，失掉很多利润。

长期交易方法的基本特征就是选好期货品种，长期持有。其好处是省心，选好期货，开仓后就基本不管了；其不利之处是基本方向判断面临较大风险。

二、交易方法依据是否全程参与行情分类及其评价

1. 依据是否全程参与分类

交易方法依据是否全程参与可以分为全程参与交易方法和择机交易方法。全程参与方法是指在交易的任何时间段都持有期货的一个头寸，目前我国期市大部分只能做多，少部分期货可以融券卖出，但目前融券卖出是试点，今后的趋势是全部的期货都可以融券卖出，所以这里就是以未来的全面融资融券为评价背景的。而择机交易是交易的某些时间段并不持有期货头寸，只有当符合自己的买卖条件后才进场交易。

2. 对全程参与和择机交易方法的评价

全程参与的好处是一般来说可以抓住所有的主要行情，而且是针对机械交易系统而言的；全程参与的不利之处是其中无效的虚假交易太多，交易的正确率不高。择机交易的好处是可以自主决定何时入场，这就可以选择在强信号出现时入场，提高交易的正确性和交易质量；择机交易的不利之处是可能漏掉一些大的交易机会，毕竟任何人都不可能100%地事前判断大机会何时开始。

三、交易方法依据分析方法的分类及其评价

1. 依据分析方法分类

交易方法必然涉及分析方法，而分析方法主流分为基本分析方法、技术分析方法以及技术和基本分析结合的择中方法三种。

基本分析方法是一种因果分析方法，其原理是从影响期价变动的主要因素出发，通过理性逻辑推导出未来期价的变动方向和力度大小，而技术分析方法是通过总结统计规律，经由技术分析的三大假设认定该统计规律将继续有效，从而对未来操作提供指导。技术与基本分析的结合则是采取中庸之道，从这两个角度分别分析，然后再综合得出结论。

2. 对交易方法三种分析技术的评价

基本分析是多数机构所倚重的方法，进行基本分析需要进行宏大的数据分析、实地调研，估价模型等，使用基本分析方法比较讲究功底。基本分析的好处就是逻辑严密，因果关系清晰；基本分析的不利之处就是期价和众多的影响因素之间并没有十分清晰的方程式关系，需要使用者较多的主观判断。基本分析基本只适合中长期分析。而技术分析由于简单易学，许多散户喜欢使用，技术分析的好处就是简单明了，比如金叉买入，死叉卖出，技术分析的优势还有就是直观，许多技术分析方法都有这样的特性，比如形态分析的W底，只要一见到图形就一眼可以分辨清楚。技术分析的另外

一个好处就是适合各种交易尺度；技术分析的劣势是每种分析方法基本就只从一个角度，缺乏全面性，技术分析的简单直观注定其使用效果时好时坏，叫人无法适应。技术与基本结合的分析方法就是取长补短，较好地综合了两种分析方法的好处和抑制了两种分析方法的缺点，是我们提倡使用的分析方法。

四、交易方法依据主观判断的分类及其评价

1. 依据主观判断的分类

交易方法依据是否有主观判断分为机械交易方法和判断交易方法。机械交易方法就是交易之前就给出确定性的买卖条件，只要满足条件就按事前所设定的交易去做，没有满足平仓条件就持有，满足平仓条件就平仓，整个交易过程不需要任何交易者的主观判断，所以称为机械交易方法。判断交易方法是指每次交易的买卖都需要交易者根据当时的具体情况做出是否交易的判断。

2. 对机械交易和判断交易方法的评价

机械交易方法的好处是客观、理性，因为交易规则是事前理好的，交易过程中就不会受人的情绪影响；机械交易的不利之处就是不能针对每个具体不同的交易机会做出具体的分析，这样就没有充分地利用信息而提高正确率。判断交易方法的优点恰好弥补了机械交易的缺点，它针对每个具体不同的交易机会做出具体的分析，这样就充分地利用信息而提高正确率；判断交易方法的不利之处是很容易受到情绪的影响而导致交易质量低下。

第五节　交易者自身的性格特征

交易结果的好坏还和交易者自身的性格有着非常重要的关系。交易者的性格与交易成败的关系是性格决定行为、行为决定习惯、习惯决定成败。人的性格分为不同种类，不同性格的人面临同样的外在刺激的心理感受不一样，反应模式不一样，从而最终的反应的交易行为不一样，而人的不同性格对外界的认知方式不一样，良好的学习认知能力会很好地将好的交易行动逐步转变为好的习惯，好的交易习惯就决定了交易者的长期交易成败。为了更好地认识到性格的重要性，可采用迈尔斯—布里格斯性格分类法将交易者的性格大致分为四个大类，每个大类先介绍一般含义，然后在从交易角度进行进一步的分析。

迈尔斯—布里格斯性格分类法（MBTI，Myers－Briggs Type Indicator）是性格分类的一种，这种性格分类通过对四个问题的不同回答，具体可以将人们的性格分为16种，这四个问题是：心理能力的走向：你是"外向"还是"内向"？认识外在世界的方法：你是"感觉"还是"直觉"？倚赖什么方式做决定：你是"思考"还是"情感"？生活方式和处事态度：你是"判断"还是"理解"？

一、内向和外向

性格是内向还是外向是通过区分人们发泄及获得心灵能量的方向来进行判断的。外向型性格偏向专注于外在的人和事，倾向将能量往外释放。内向型则专注于自己的思想、想法及印象，倾向将能量流往内。

外向型性格的交易者喜欢和别人进行交流，很热衷于寻找内部消息，买卖期货很容易受外界的事情或其他人的影响，交易失败后通常将原因归结于外界，交易频率较高，交易较为冲动，外向型性格的人天生就比较贪婪；而内向型性格的交易者喜欢自己研究期货，较少关注外界的消息和别人的看法，着重从自己的交易经验中总结规律，交易失败后通常将原因归结于自己，交易频率较低、交易较为谨慎。内向型性格的人天生就比较容易恐惧。

二、直觉和感觉

直觉和感觉是人们认识世界的非理性方法，即外界知觉，所说的是人们如何处理接收到的资料。感觉型的交易者喜欢着眼于当前事物，惯于先使用五官来感受世界。直觉型的交易者则着眼未来，着重可能性及预感，从潜意识及事物间的关联来理解世界。

交易中感觉型性格的交易者喜欢较为直观和简单的技术分析方法，他们的心理承受能力较差，对眼前的盈利或亏损看得较重；而直觉型性格的交易者喜欢较为逻辑的基本分析方法，他们的心理承受能力较强，对眼前的输赢看得不重，而将重心放在未来。

三、情感和思考

情感及思考是下决定时内心斗争所侧重的方向，并配合以上的能量走向。情感型的交易者偏好使用价值观及自我中心的主观评价来作决定。可以说思考型的交易者使用头脑来作决定，而情感型的交易者则用内心来作决定。思考型的交易者偏好用"是非"及"如果……就……"的逻辑来分析结果及影响，或者作决定。

在交易中情感型的交易者做交易决定主要依赖内心感受，这种内心感受主要是依据通用的交易常识所形成的主观评价来产生的，由于情感会在期货市场中放大，所以情感型交易者的交易比较情绪化，很容易追涨杀跌，总体说来交易质量不高；而思考型交易者交易中做决定主要依赖于客观的逻辑分析，交易过程中具有较高的理性，所以交易质量较情感型高。

四、判断与理解

判断型交易者倾向于井然有序及有组织的生活，而且喜欢安顿一切事物。理解型交易者则倾向于自然发生及弹性的生活，对任何意见都抱开放态度。要注意的是，判断并不等同决断（包含主观及冲动的意思），而理解亦不解作感知（指对感觉作出反应的程度）。

在交易中判断型性格倾向追求期市变动的规律性，喜欢控制；而理解型性格的交易者容易接受现状，具有包容精神。

第二章　交易体系

交易体系是指交易者自己研发出来的一套较为稳定的，以买卖条件满足为操作信号的交易规范，其核心功能是持续稳定盈利。

为了更进一步加深对交易系统的理解，下面分要点进行详细阐述交易体系的特征和功能。

第一节　交易体系特征和功能

一、交易体系的特征

1. 交易体系是交易者自己研发出来的

交易体系带有较强的主体色彩，交易体系的建立是经过交易者长期的摸索、构建、检验、修改而成的，这些过程带有强烈的交易者自身的特点。从前面交易哲学一章中，我们知道不同的交易者有不同的交易哲学，不同的交易经验，不同的认识能力、教育背景，不同的性格特性，不同的行为能力，不同的心理素质，所以每一个交易体系都是交易者的独门武器，带有强烈的个人特色。

交易体系必须是交易者自己研发出来的，在研发的过程中有一些元素可以借鉴别人的，但总体上是自己的独立思考和构建，研发出来的交易体系必须是适合自己，并且在实际运用的效果上符合持续稳定盈利的。

2. 交易体系是一套较为稳定的系统

交易体系的建立过程中允许有较大的修改甚至完全的摒弃，但一旦建立完毕后就应当是一套较为稳定的交易系统。其稳定性体现在如下几个方面：

（1）交易成绩的稳定性

交易体系的最终用途是用来实施交易买卖行为的，从长期的角度看，交易体系应该满足持续稳定获利，不仅如此，交易成绩的波动性、收益率的大小都应该对应于该交易系统，具有一定的统计稳定性。

（2）买卖条件的稳定性

交易体系的主体是买卖条件，买卖条件解决的是什么时候买和什么时候卖的核心问题，这个核心是相对稳定的，不能有较大的随意性，也不允许较大的修改，如果有较大的修改，只能说明交易体系还在建设中而不是建设好了。

3．交易体系以买卖条件的满足为交易操作信号

交易体系的核心内容是买卖的条件，满足买入条件就买入，满足卖出条件就卖出，交易体系完全以买卖条件是否满足为操作信号，具有较强的机械性。买卖条件设置的合理性决定了如下重要事情：

（1）交易体系的操作正确率

交易者总希望自己的交易正确率较高，这样从交易次数上就是赢多输少，买卖条件设置得越充分、必要就越能提高交易的正确性。

（2）交易体系的赚钱能力

交易体系的赚钱能力主要是通过对大的机会的把握能力来体现的。好的买卖条件设置就增强了捕捉大的交易机会的能力。

（3）交易的频率

买卖条件越容易被满足，交易次数就越多，交易频率就越高，相反买卖条件越不容易满足，交易次数就越少，交易频率就越低。

二、交易体系的功能

1．交易系统是一种符合交易者自身和客观概率的一种最佳反应模式

交易体系的开发建立处处体现出交易者自身的特点和经历，而且交易体系要成为一个表现良好的交易工具，它必须符合客观概率，符合了客观概率才可能概率制胜。交易体系实质反应的是交易者对市场行情的持续不断变化的最佳反应函数，是交易者交易思想、交易行为经过理性分析后的最佳反应模式。

2．交易体系的核心功能是持续稳定获利

交易体系是交易者进行交易的武器，如果这个武器不能达到持续稳定获利的终极投资目的，我们就应该舍弃。而我们说某交易者拥有一个交易系统其实就包含了这个交易系统一定要为交易系统的创建者带来持续稳定盈利的硬性条件。

第二节 交易体系的构成

一个完整的期货交易体系包含交易的目标、开仓条件、开仓后的应对措施。交易体系每一个部分都体现了概率判断和风险控制，下面就每一个具体的部分展开阐述。

一、交易目标

交易目标的设定实质就是要清楚自己要在期市中赚什么样的钱的问题。不同的钱的最佳赚法是不一样的，依据赚钱的眼界的长短不一样，我们将交易目的区分为由短到长的三种交易目的。

1．短线交易目的

这种交易目的是通过较短持有来获得利润。我们一般认为持有期在三个星期之内的为短线交易。

短线交易是想赚快钱，短线交易目的的思路是快速介入较为明确的涨跌，快进快出，这样总让资金处于快速增长过程中。短线交易的特点是单次的输赢都不太大，只要正确率较高，收益前景似乎很不错。

实际上短线交易比较难操作，期货的短期波动难以捉摸，要获得较高的正确率需要专业的训练和长期的积累，而且短线交易比较费精力，容易使交易者随时处于紧张状态。

2. 中线交易目的

中线交易又称为波段交易目的，交易的主要目的是抓住期价的中期波动，中期波动是指持续时间三个星期到三个月的趋势行情。

抓中期波段的好处是交易频率较短线大为降低，这样可以放松下来仔细分析行情，而且中期波段的收益率也比较高，为此承担的风险也不太大，比较符合中庸之道。

抓中期波段也需要较高的水平，这种水平需要交易者较强的趋势分析和捕捉能力，需要多年的交易沉淀。

3. 长线交易目的

长线交易指持有期三个月以上。

以长线交易为目的的交易者是最轻松的，他们要做的事就是选好品种开仓后并长期持有，而且只要基本方向判断正确，其长期回报就是惊人的。

但另外一方面长线交易又是不容易的，长线交易者要忍受期货价格的上上下下。

二、开仓条件

确定好了交易目的就可以接下来确定开仓条件，开仓条件实质是一组过滤条件，将可以实现交易目的的交易机会筛选出来进行开仓，依据分析方法不同，开仓条件分为基本面开仓条件、技术面开仓条件、基本面和技术面综合开仓条件，下面分别详加说明。

1. 基本面开仓条件

从基本面角度选择买入条件应该牢牢抓住基本面分析方法的特点和逻辑来进行。下面具体以四种不同交易目的的基本面开仓条件应该如何设置分别说明。

（1）短线交易目的

基本面的分析方法对短线交易指导意义不大，短线波动主要是随机波动组成，所以绝大多数短线交易者都是技术分析流派，少见以基本分析来指导期货的短线交易。

（2）中线交易目的

从基本面的因素来筛选中线交易机会，主要是通过对中期行情运行有影响的基本面因素来进行的。这些中期行情影响因素有：中期性质的宏观经济变量，如银行准备金率的小幅升降、利率的小幅升降、季度国内生产总值（GDP）、就业率、消费价格指数（CPI）、生产者物价指数（PPI）、采购经理指数（PMI）、进出口汇率等数据的非趋势性变化。行业自身景气度的较小波动、政府的行业支撑或抑制产业政策的微调、行业上下游暂时性的变化。商品供求的中期变化因素。

（3）长线交易目的

长线交易目的主要是依据基本分析得出商品的长期价格走势，从而选择交易方向并长期持有头寸。

2．技术面开仓条件

买卖条件的设定主要是依据技术面的量、价、时、空的某个值、线的形态，交叉、背离关系来确定是否买入。总体来说，基本面分析偏向于指导投资周期较长的交易，而技术分析偏向于指导投资周期较短的交易。由于不同尺度的技术图表有非常大的自相似性，所以这里我们就用不同的技术分析方法来设定开仓条件。短线、中线、长线、的差异主要通过参照的图表不一样来体现，比如短线参照的是 15 分钟图、中线是 60 分钟图、长线是日线图、超长线是周线图，但建立条件的方式是一样的。以下介绍几种分析方法：

（1）均线分析方法

使用均线分析方法来设立买入条件可以通过如下几个方面来进行。

①期价和均线的交叉。在任何尺度的图表中 30 参数的均线都是非常重要的一条均线，通过期价从下方上穿 30 均线作为买入条件就是一个不错的选择，期价从上方下穿 30 均线作为卖出条件就是一个不错的开仓条件。当然我们还可以通过数据优化找出最佳的参数来复制这种开仓方法。

②快速和慢速均线的交叉。第①种交叉方法的虚假交易比较多，如果用两条均线的交叉关系来设定开仓条件就会大大减少虚假交易，这种方法的不足之处是发出信号比较滞后。

（2）形态分析方法

形态分为反转形态和中继形态，反转形态提供了在趋势形成早期买入的良好机会，中继形态提供了在趋势过程中介入的机会。

①重要的可以作为买入的反转形态有：W 底、头肩底。

②重要的可以作为卖出的反转形态有：M 头、头肩顶。

③重要的中继形态有：三角形、旗形、矩形、宽幅震荡区域。宽幅震荡是指在较长时间，较大的空间内做上下运动，这样就可以在最上沿卖出，在最下沿买入的高抛低吸来买入。

（3）指标分析方法

指标分析方法是依据期价的量价时空变量设计出的一些直观的线或值，借以指导买卖的一类分析方法，按大类可以分为趋势跟踪指标、摆动指标和市场动量指标。指标的使用方法从共性上讲有四类：一类是依据指标值来指导买卖，例如 RSI 值 80 以上为超买区，应该卖出，20 以下为超卖区应该买入。第二类是依据两条不同曲线的交叉关系，例如 KDJ 中 K 线对 D 线的低位金叉买入，高位死叉卖出。第三类是许多指标本身也可以运用形态分析，例如 KDJ 的第二次穿越比较准确。第四类用法是期价与指标的背离关系买卖，例如 MACD 不创新高而期价创新高为顶背离为卖出信号。

由于指标的数量太多，甚至投资者自己都可以借助于计算机设计一些个性化的指标，但这些指标的使用效果一般情况是有时好有时坏，所以每一个交易者对不同的指标都有不同的信任度，有的交易者干脆就不用指标指导交易。当然交易者完全可以根据自己的喜好采用指标作为买卖条件的设置，特别是在对指标在什么时候表现良好，在什么时候表现欠佳了然于心的时候。

（4）切线分析方法

切线分析是一个大类分析方法，包含的内容较多，下面分类说明

①支撑阻力线。如果事先画出的支撑阻力线有效，就可以在遇到支撑时买入，遇到阻力时卖出。

②通道线。如果事先画出的通道线有效，就可以根据下轨道买入，上轨道卖出，轨道同方向突破为加速，反方向突破为切线失效。

③趋势线。如果事先画出的趋势线有效，就可以根据趋势的突破为趋势破坏，受到趋势线支撑可以买入，遇到趋势线压制可以卖出。

④突破买入。当期价突破盘整区或突破重要的切线或前期的高点都可以进行买入。

切线分析还包括黄金分割线、扇形线等。

（5）K线分析方法

K线分析是最基础的分析方法，当然可以用作买入条件的设置。K线分析的口诀是：阳线和下影线代表上涨的力量，阴线和上影线代表下跌的力量；实体和影线长短代表力量的大小。

①单根K线：低位大阳线、探底神针是筑底反弹的信号；高位大阴线、瞄准之星是卖出信号。

②K线组合：低位的阳包阴、三只红小兵等是看涨信号；高位的阴包阳、三只乌鸦等是看跌信号。

③缺口：缺口分为普通缺口、突破缺口、持续缺口、逃逸缺口、衰竭性缺口，我们可以在突破缺口出现后顺势建仓，在逃逸性缺口平仓。

（6）经典分析方法失败分析方法

另外一种有趣的交易方法就是在经典的原始信号失败后反向操作，应用的原理是该涨不涨理应看跌，该跌不跌理应看涨。

3. 基本面和技术面综合开仓条件

这种综合方法是通过一组基本面和技术面的条件作为开仓条件，因为基本面和技术面从不同角度提供了未来期价变动的概率判断，所以使用这种方法更为客观和全面，也是我们所提倡的。

三、开仓后的应对措施

开仓之前就应当对开仓之后的应对措施制定好交易计划，这就是开仓后的应对措施。无论是哪种开仓方法，无一例外都应当设定一个自己愿意承当的止损位。无论我们的分析有多么完美，行情总是按自己的意愿运行，但这就包括向我们最不利的方向运动，这时我们就要靠止损来保护我们的本金安全，所以开仓后出现不利情况触及止损就应该立即出场，不要有任何的希望；当行情按照自己所预想的情况正常运行，没有相反的危险信号出现或者暂时出现之后又消失，这时的最佳应对就是继续持有；直到行情运行遇到足够大的相反危险信号或开仓预期全部实现后，这时的最佳应对措施就是平仓。

第三章　交易风险控制

期货投资交易中对风险的控制是一项中心活动，因为控制好了风险，就减少了亏损的幅度，避免了不可挽回的损失，更进一步，控制好了风险可以达到稳定盈利的终极投资目的。

第一节　交易风险的含义和种类

交易风险是交易者在交易过程中面临的损失的可能性，注意风险是一种损失的可能性而不是必然损失。交易风险无处不在，给人们的交易带来极大的障碍。

交易风险按其产生的来源分为行情不利波动所产生的风险及其他来源的风险，行情不利波动所产生的风险是交易风险的主要内容。

一、行情不利波动所产生的风险

期货交易中当投资者开仓后，行情朝开仓方向不利的方向运动后，我们交易的初始头寸就处于亏损的账面状态，这时交易者就面临着交易的风险，这个风险就是已经出现的账面亏损。当然这个账面亏损并不一定会变成现实的损失，但它至少是一种投资暂时不利的状态，而且有可能在现有的基础上亏损更多。对于这种风险我们将之定义为交易中第一类不利波动风险。

交易中第二类不利波动风险指的是开仓后行情朝开仓方向有利的方向运行，交易者的账面开始出现明显浮动盈利，后行情又向开仓方向不利的方向运动，导致浮盈减少的情况。这种情况也是交易者经常遇到的，刚开始还赚了钱，可后来风云突变，行情急转直下到最后反而是亏了钱。

从上面不利波动交易风险的定义可以看出，不利波动交易风险是一种浮亏或浮盈减少的状态，风险最大的可怕之处在于它可能在现有的不利情况下变得更糟糕，令交易亏得更多或浮盈减少更多甚至亏损。所以交易者对不利波动交易风险应该高度重视，严加对待。

二、其他交易风险

1. 来源于操作错误产生的交易风险

操作错误风险就是常见的在期货买卖下委托单时，由于粗心大意将交易方向搞错，交易标的输错，交易数量输错所产生的损失。这种类型的初级错误交易者一定要在操作过程中小心冷静，不要着急，不要有机会转眼即逝的想法，要知道期货交易过程中陷阱比机会多。

2．来源于机械或网络故障的交易风险

有时我们在交易过程中会遇到计算机死机、断电、网络故障，导致我们无法正常交易、监测或及时反应，从而造成交易损失。避免这种情况的交易风险就要事前想到这种可能性而提前做好预防措施。针对计算机死机、机械故障要准备备用计算机；针对网络故障要准备不同网络运营商的网路通道；针对停电要想好使用笔记本替代交易还是快速地到有电力供应的地方进行交易。

从上面交易风险的分类中我们看到，交易不利波动风险是风险的主要形式，我们下面要谈的控制风险也主要是针对这种情况而言的，不过在正确控制风险之前我们应当对风险的特性加以深刻的认识，在此基础之上才可能提出好的风险控制方法。

第二节　交易风险的特性

为了更好地认识和防范风险，我们需要对交易风险的特性加深认识。

一、风险的不利性

风险的不利性首先变现为现实的不利性。期货交易中第一类不利波动风险要求开仓后出现亏损，这对交易者是不利的，期货交易中的第二类不利波动风险要求的是必须出现浮盈的减少，这对交易者来说也是一种不利。风险的不利性不仅表现为现实的不利性，而且可能变现为将来的不利性，请注意风险仅仅是可能变为将来的不利而不是必然，之所以如此是因为行情的后续发展可能会化解风险。

二、风险的普遍性

风险的普遍性指的是风险无处不在，从上面对风险的定义中可以看出，开仓后亏损自己的头寸会暴露在风险之下，就算是开仓后赚了钱只要行情发生回撤，交易者的浮盈减少，也同样面临着风险。所以风险是交易者经常会遇见的情况。毕竟开仓后就直线向头寸有利的方向运动，而中间没有行情的反复的情况还是比较少见的。

三、风险的可转变性

风险的可转变性是指风险在某些时候能够随行情的改变而消失。期货行情的变化是阴晴不定的，暂时的不利可能会随着行情的改变而变得有利起来。

四、风险依据程度可分为大、中、小三种

风险的本质是对投资者的某种不利性。这种不利性依据程度不一样可以区分为大、中、小三种风险。因为投资者最关心的是投资收益，所以我们测度风险的大小就用账面亏损额或利润回吐额除以本金得到的百分比数字来区分风险的大、中、小。依据职

业交易者的风险管理经验，5% 以内为小风险；3% ~ 10% 为中等风险；10% ~ 20% 为大风险。我们用这样的术语来描绘风险可能会更直观一些：小风险是你的本金最多可以承担连续 20 次以上类似强度打击的不利事件；中等风险是你的本金最大可以承担连续 10 ~ 30 次类似强度打击的不利事件；大风险是你的本金最大可以承担连续 5 ~ 10 次类似强度打击的不利事件。

认识到交易风险的特征之后，我们就可以开始谈本章的中心话题，如何控制好风险，如果没有特指，下面的风险主要是指不利波动风险。

第三节　交易风险的仓位控制方法

交易中控制风险最直接和简单的方法就是每次交易都下较小的投资资金，通俗地说就是下小注。本节先论证为什么要下小注，然后从操作层面具体介绍如何做。

一、每次交易下小注的合理性

1. 即使你的判断正确率大于50%，过大的单笔下注也可能让你亏损出局

交易时的下注问题是一个通常被交易者忽略的问题，绝大多数交易者将他的交易重心放在寻找交易机会，提高交易准确率上面去了。其实如何下注的问题也是值得交易者认真思考的一个问题。有研究者注意到普通赌客在拉斯维加斯赌城的下注行为，一般的赌客带 2 000 美元进场，通常不到半小时就"剃光头"回家。其实不是赌场多么坑人，因为美国赌场的每种游戏（老虎机除外）的赌场盈利仅为 1% ~ 2%。即从概率上说，你每次下注 100 美元，只能拿回 98 ~ 99 美元。但概率上你每次下注都输一点，久赌必输的老人言就完全应验了。所以赌场不怕你赢钱，就怕你不来。就算赌客不懂技巧乱下注，以通常最低额 5 美元的标准下注，2 000 美元够耗上两天，赌场包你吃住，就算当一次度假也不错。这些赌客赚钱的心太急，恨不得立即就赚得十万八万的，每注下得太大，结果也就可想而知了。

交易下注的问题是一门艺术，没有绝对的是非之分。但有门科学叫概率，它给怎样完善下注艺术提供了科学的参考。我们用生活的例子而不是抽象的数学公式来引导大家思考。我们都知道抛硬币出现正面和反面的机会各是 50%，即有一半的概率出正面，一半的概率出反面。假设你今天和一位朋友赌钱，抛硬币定胜负，出正面你赢 1 元，出反面你输 1 元，你们各拿 1 000 元的本金来赌。这场赌博的结果很清楚，赌久了，谁也赢不了，谁都不会输，这是一场公平的游戏。突然你朋友建议说：从下一次起，出正面你赢 9 角 5 分，出反面你还他 1 元。你还干吗？你当然不干，因为你知道被"剃光头"是迟早的事。反过来，朋友建议说出正面你赢 1 元，出反面你赔 9 角 5 分。你会怎么想？你会大声吼叫："好！"因为这时你知道"剃他光头"只是迟早的事，你知道你赢定了。现在再假设这位朋友要提高赌注，每注 500 元，出正面你赢 500 元，出反面你输 475 元。概率没有改变，还是 1∶0.95，但赌注变了，从本金的 1/1 000 提高

到 1/2。这时你有什么感觉？你还是知道赢的机会大过亏的机会，但你赢定的感觉没有了。你的本金只够赌两回，你的手开始冒汗。如果这 1 000 元是你下个月的饭钱，你还敢赌吗？上面的例子，你输赢的概率没有变化，但下注的数额变了，整个游戏的性质便发生了变化，你从赢定了变成了没有赢的把握。

因此即使你拥有超过 50% 的正确率，注下得过大你也可能输光你所有的本金。

2. 分批下小注，可以抵御连续的不利打击

职业交易者对控制亏损的态度是非常严厉的，因为假设你的本金是 100 万，亏 50% 后就变为 50 万，要想回本就必须赚上 100%。所谓亏钱容易赚钱难。所以职业交易者不允许本金出现较大的亏损。巴菲特也说过保护本金安全是投资最重要的事情。期货市场变幻莫测，即使是交易经验丰富的职业投资者，有时也会遇到连续的判断失误，极端情况是会出现连续六七次失败，但这种情况发生的概率较低，如果职业投资者的判断错误率为 40%，连续 7 次错误的发生概率为 1.6‰。假如每一次交易亏损本金的 5%，连续 7 次就可以亏损本金的 30%。职业投资者一般情况下都建立了不允许超过本金 20% 的亏损原则。为了满足这个原则，交易者要么减少单次交易的资金规模，要么对较大的投资用较小的止损来保护。但后一条有操作上的不利性，因为小的止损很容易受行情正常波动的影响。如果每次的投资我们都将最大亏损控制在总资金 3% 以内，那么即使连续 7 次判断失误的较极端情况出现，总的亏损也不超过总资金的 20%。

有些人看到这里会有一些疑问，既然是经验丰富的职业交易者，他们大多数时候会判断正确，如果每一次都下小注，那么当他判断正确的时候收益不就也相应减少了吗。情况的确如此，对于判断正确率较高的职业投资者来说，当他们正确的时候，较小的下注资金的确会减少他们的盈利能力。即便如此我们还是坚持要小注入场，因为人的本性是风险规避的，小注虽然在大多数时候减少了盈利，但在小概率连续不利情况下却给了交易者很好的保护。对于风险规避的投资者来讲这种舍弃是值得的。

3. 下小注会让交易者的心情放松，更加有利于作出客观的判断

做过交易的人都知道，如果在交易的本金过大，投资者对交易的盈亏很在意的情况下，投资者往往很难做到客观冷静。这种情况发生的原因是较大的输赢结果超过了交易者的心理正常承受范围，所以就会引起交易者的心态出现变化，很容易出现情绪化。而好的交易需要交易者客观分析，冷静应对，因为交易是一种概率活动，这种高难度概率智力活动需要交易者尽量客观地对行情进行分析判断，以及冷静地处理。投入的资金越少，投资者的心态就会越轻松，就越有利于客观冷静思考分析。当然过少也可能使交易者太过轻松，提不起劲来，所以恰当的下注量需要交易者自己在长期的交易中自己去把握，原则是要让自己轻松冷静，同时要激发足够的注意力。

二、如何科学下注

前面论证了交易中下注的科学性，下面就从实际操作层面介绍如何科学下注的问题：

1. 依据资金约束来确定每次的下注金额

先根据自己对资金的风险承受程度确定一个每次交易的最大亏损比例，比如是

3%。然后对每一具体的交易机会考虑一下，行情如果向自己交易头寸最不利的方向运动，亏损多少你就认输平仓，比如是3%，根据前面的数据就可以算出本次交易的资金投入为100%；但如果对于这次交易你准备6%止损，那么你的本次资金投入就应该是半仓。在完整的资金约束下的单次下注金额比例＝总资金单次最大亏损比例/止损亏损比例。

2. 依据投资标的波动率来制定单次投资比例

这种方法先要收集一段时间标的的日收盘数据，再根据这些数据算一个标准差，然后用两倍的标准差除以平均收盘价，得到一个波动率，这个波动率大约保证有96%的可能性期价在小于此波动率的范围内波动。最后计算单次的资金投入比例＝总资金单次最大亏损比例/波动率

3. 依据最大总资金亏损比例来确定

这种方法首先要求交易者给出一个最大的总资金亏损承受度，比如20%，再根据交易的平均止损程度，比如平均每次5%，同时根据一个训练有素的交易者可能连续亏损5~7次的规律，来确定每次的交易资金比例，计算公式为交易资金比例＝总资金亏损承受度/平均每次止损度 * 最大连续亏损次数。

4. 依据一般性的习惯

前面论证了不要全仓下注的科学性，依据操作的一般性，提倡将总资金分为5~10等份进行下注是比较科学的，主观掌握的原则是有把握时多下一些，把握较小就少下一些。

5. 向上金字塔加仓法

前面讨论过如果每次都下小注，交易水平高超的投资者也会大大降低收益总水平，对这种保守的下注方法的一个改进就是向上金字塔加仓法。前面4种下注方法属于等额下注法，这里的向上金字塔加仓法属于不等额下注法，操作要比等额复杂一些。向上金字塔加仓法的操作要领是首先投入最多的首仓，其额度最大可以是总资金的一半，如果开始有明显的盈利，然后再加仓较前仓少的资金，比如说三分之一，如果行情继续向有利方向发展，就再在适合加仓的地方加仓比前面更少的资金，比如说六分之一。这样行情发展顺利，按照前面例子中的加仓方法就可以将资金完全利用起来了。向上金字塔加仓法经常采用三分之二和三分之一的两次金字塔加仓法，或六分之三、六分之二、六分之一的三次金字塔加仓法。

6. 向下金字塔加仓法

这种加仓方法主要适合于抓大底部，风险较大的交易，水平不高者慎用。操作要领是估计跌得差不多时，投入少量资金试试，如果行情继续下跌到一定程度又出现可以加仓的机会时，投入比前仓更多的资金买入，如果行情继续下跌，在前两仓都亏损的情况下继续在合适的地方投入比前面两次更多的资金买入，如此越跌越买、越买越多就叫做向下金字塔加仓法。

第四节 交易风险的止损止赢控制方法

止损的含义是当当时行情让自己的先前投资产生足够的损失时就认赔出局，将账面上的亏损转变为现实的损失。止损主要是针对期货交易第一类不利波动风险而言的措施。止赢是在浮盈回吐到一定程度之后结束交易的活动，这是针对期货交易第二类不利波动风险而言的。止损对交易者来说是一件痛苦的事情，因为继续持有还有翻本的可能性，而认赔出局就是直面亏损，因此需要交易者有极大的勇气。止赢同样也是令交易者不愉快的事情。但从一般概率上讲，止损和止赢是概率正确的，而且最关键的是如果你每次都严格执行止损，止损杜绝了一次大的失误就将你扫地出门的事情的发生；止赢杜绝了将大的盈利大幅回吐甚至倒亏的事情发生。同样本节还是先论证止损止赢的合理性，然后再从操作层面上介绍如何做。

一、止损止赢的合理性

1. 亏钱之后更大可能是继续加大亏损

期货行情是由趋势和盘整行情构成的，趋势和盘整行情所持续的时间比为 4∶6，也就是期市大多时候处于无趋势的盘整中，而在盘整行情中上涨和下跌的概率大约各占 50%。所以综合来讲趋势保持继续的可能性比反转的可能性更大。之所以亏钱，一定是出于某种下降趋势中，所以接下来更大可能是继续下跌，亏得更多。

2. 止损违背人性，止赢符合人性

纽约有位叫夏皮诺的心理医生，他请了一批人来做两个实验。

实验一

选择：第一，75% 的机会得到 1 000 美元，但有 25% 的机会什么都得不到；第二，确定得到 700 美元。

虽然一再向参加实验者解释，从概率上来说，第一选择能得到 750 美元，可结果还是有 80% 的人选择了第二选择。大多数人宁愿少些，也要确定的利润。

实验二

选择：第一，75% 的机会付出 1 000 美元，但有 25% 的机会什么都不付出；第二，确定付出 700 美元。

结果是 75% 的人选择了第一选项。他们为了搏 25% 什么都不付出的机会，从数字上讲多失去了 50 美元。

问问你自己，如果你是参加实验的一员，你会做什么样的选择？

期货是概率的游戏，无论什么样的买卖决定都没有 100% 正确或不正确的划分。人性中讨厌风险的天性便在其中扮演角色。

假如说期货的运动只有上、下两种途径，所以每次交易的赢亏机会原来各是均等的 50% 的话，对于一般期民来说，人性好小便宜、吃不得小亏的心理，使得在期市中赢时赚小钱，亏时亏大钱，期货就成了输赢机会不均等的游戏。期市没有击败你，你自己击败了自己。

从更实际的情况上看，如果买入期货你开始赚钱了，说明你买的期货处于某种级别的上涨趋势行情中，这种行情接下来更大的可能是将继续上涨而不是下跌。如果买入期货你开始亏钱了，说明你买的期货处于某种级别的下跌趋势行情中，这种行情接下来更大的可能是将继续下跌而不是上涨。我们一再强调期市是一种概率游戏，我们应该对高概率下小注。因此赚钱应该更有耐心一些，而亏钱应该及早脱身。

上面的实验说明人性是赚钱后好变现，亏钱后好死捂；而前面分析的客观情况是亏钱后更大的可能是继续下跌。所以止损操作是违背人性的，操作起来是不太容易的。

3. 止损止赢是有标准的

止损止赢是需要亏损或利润回吐到一定程度后才采取的行为。因为期货行情的正常运行轨迹就是曲折运动，涨涨跌跌是非常正常的事情。对于正常的期价的涨涨跌跌所产生的风险一般情况下交易者不必理会，只有这种涨涨跌跌达到不正常的地步，交易者才会采取止损和止赢行动。这些不正常的标准有资金面标准、技术面分析标准、基本面分析标准三种。

资金面标准一般是指亏损或浮盈亏损达到总资金的一定比例后就要执行止损或止赢。这个标准因交易者的交易风格而异。一般而言短线最多容忍 3% 的亏损或浮盈减少；中线做多容忍 10% 的亏损或浮盈减少；长线最多容忍 30% 的亏损或浮盈减少。

技术面分析标准主要是以技术分析手段判断行情下一步是趋势继续还是反转，如果判断为趋势将继续就要执行止损或止赢，如果判断为行情将反转就可以继续持有。这里可以使用的技术分析方法主要有趋势线分析、支撑阻力分析、通道线分析、黄金比例分析、形态分析、K 线分析等方法。

基本面分析标准指的是用基本面分析手段去判断行情下一步是趋势继续还是反转，如果综合的基本面分析向好就可以继续持有，如果综合的基本面分析不好就可以止损或止赢。

二、如何对止损止赢进行操作

前面论证了止损止赢操作的合理性，下面谈如何在实际交易中操作的问题，止损止赢的关键是区分正常不利波动和有危险意义的不利波动，如果是前者就可以继续持有，如果是后者就应该采取止损止赢行动。区分的关键可以从资金约束、技术面来进行

1. 从资金约束来止损止赢

交易之前先根据总资金风险控制程度和本次仓位投入比例来确定本次交易的最大亏损承受程度，从而算出本次交易的止损比例。例如某交易者总资金的最大风险承受程度为 3%，本次交易投入的仓位为三分之一仓，那么很容易计算本次交易最大的亏损承受程度是 9%，具体的计算方式是总资金最大风险承受程度除以仓位比例。

止赢的资金约束控制方法是止赢之前先确定一个账面盈利的回吐比例，当行情不利运动导致最大浮盈回吐到这个比例的时候就执行止赢平仓。

2. 从技术面来止损止赢

最常见的止损止赢是根据技术点位来进行的，这是根据技术分析的手段来确认一些比较关键的技术点位，如果行情突破这些技术点位，那么之前交易的前提和预测就很可能是错误的，因此就依据概率提前止损止赢。

这些关键的技术点位可以是前期的高点或低点，重要的趋势线的支撑或突破，重要的轨道线的支撑或突破。黄金分割或重要的百分比线、重要形态的关键颈线、所依据的主要指标的关键位置或关键点位。

第五节　减少不必要交易的控制方法

降低交易风险的控制方法除了上面介绍的仓位控制和止损止赢两种方法，还有一个很重要的方法就是减少不必要的交易。许多的交易者在投资过程中总是非常冲动地去交易，在他们的眼中机会无处不在，任何一次的波动都可以盈利，事实上我们说期市在超过一半以上的时间都不适合交易，特别是在盘整行情中，这时进行交易非常容易遭受到损失，因此减少不必要的交易就显得重要。

一、为何减少不必要的交易

1. 大多数交易者交易次数太多而不是太少

一般而言期货市场的交易者交易次数较多，因为在他们的眼中，期货的每一次大的波动似乎都是一次赚钱良机，特别是事后来看，因此他们赚钱的天性就开始蠢蠢欲动了，所以大多数经验不太丰富的交易者都陷入频繁的买卖当中去了。

2. 好的交易机会是需要等待的

好的交易机会并不随时都有，所谓好的交易机会是亏损的可能性较小，而赚钱的可能性较大，或者换句话说是正确率较高的时候；从另外一个角度来衡量好的交易机会是指那些损失有限，收益却比较大的交易机会。这两种情况都叫做交易的好机会。但事实上好机会出现的频率是比较低的，第一章我们的论述证明从时间占比看期货运行中大约只有12%的时间预测方向比较准确，这仅仅是指正确率方面，如果要求交易的好机会既要正确率高又要潜在收益高，那么这类机会出现的时间又至少减半到6%，因为趋势行情中前半部分属于风险小、收益高的时候，后半部分属于风险大、收益不高的时候。所以好的交易机会是稀少的，需要耐心地等待。

二、如何减少不必要的交易

期货市场的波动像一个迷人的万花筒，其中很多的交易机会是虚假的，那么做好交易防范，减少不必要的交易的方法就是严格设立进场条件，加入过滤条件。

1. 严格设立进场条件

前面论述真正的交易机会是比较少的，我们的进场条件越苛刻，就越能排除差的交易机会，提高我们的交易质量。我们可以通过增加单个条件的标准和多加一些独立条件来实施。排除差的交易机会的另外一条思路就是用较多的独立的好的交易机会的必要条件组合来设立进场条件。

严格设立进场条件不一定就能够交易成功,只是交易成功的可能性较大而已,而且也不能将所有的交易机会一网打尽,这时我们就不要追求完美了,我们只要概率制胜就可以了。

2. 加过滤条件

往往满足我们交易条件的交易机会还是显得过多,除了提高参数标准和多加一些进场条件外,我们还可以加入一些过滤条件来提高我们的交易质量,减少不必要和虚假的交易机会,常见的过滤条件包括时间和价格幅度两方面:

(1)时间过滤条件

鉴于我们的很多买入条件是以突破为主而建立的,但是盘中突破还是收盘突破,甚至是连续突破,都可以作为行动的标准,从大量实践交易来看,采用收盘突破或者是更严格的连续时间的收盘突破更为科学一些。

(2)价格幅度过滤条件

价格幅度过滤条件是从力量和程度上对期价突破的要求,其实质是要求明显的有力度的突破,这样利用惯性原理来保证持续性,一个通行的标准是突破程度为3%。当然不同的市场可以有不同的标准。

第四章　文华财经行情交易软件
　　　使用说明

前面三章介绍了交易哲学、交易系统和交易风险的控制，从理论上解释了什么决定交易者长期输赢和成功交易所需要的交易系统和风险控制问题。第四章和第五章将主要对实盘交易中使用频率较高的文华和博易交易等行情使用软件的方法作详细介绍。本章先介绍文华财经行情交易软件。

第一节　基本操作

一、看行情，选合约

（一）进入系统

点击桌面上"　　　"的图标进入系统登录界面（见图4-1）。

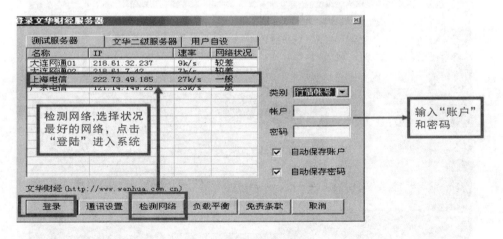

图4-1

（二）切换交易所以及选取合约（见图4-2）

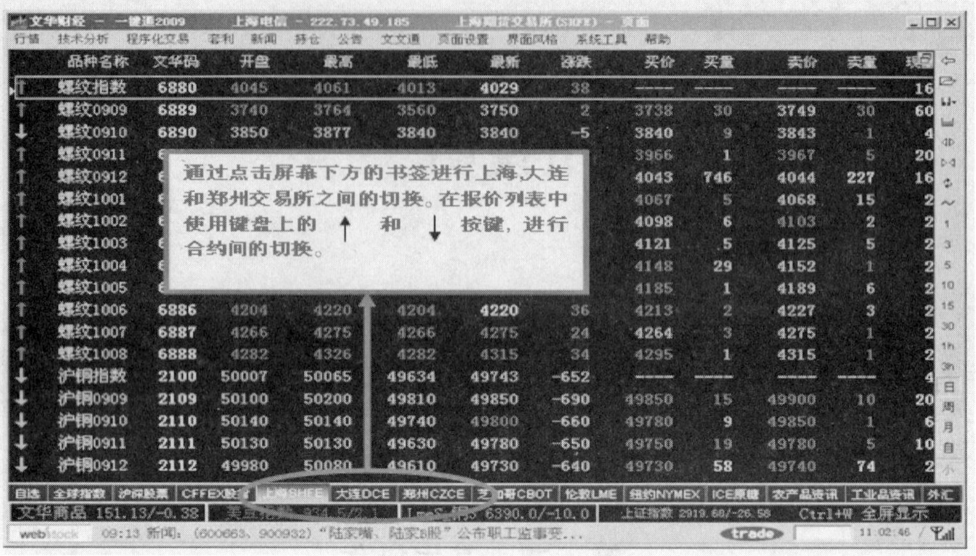

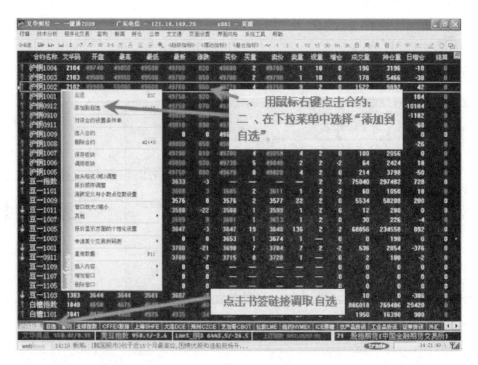

图4-2

（三）自选合约（见图4-3）

图4-3

二、切换分析图表以及分析周期

(一) 切换分析图表 (见图4-4)

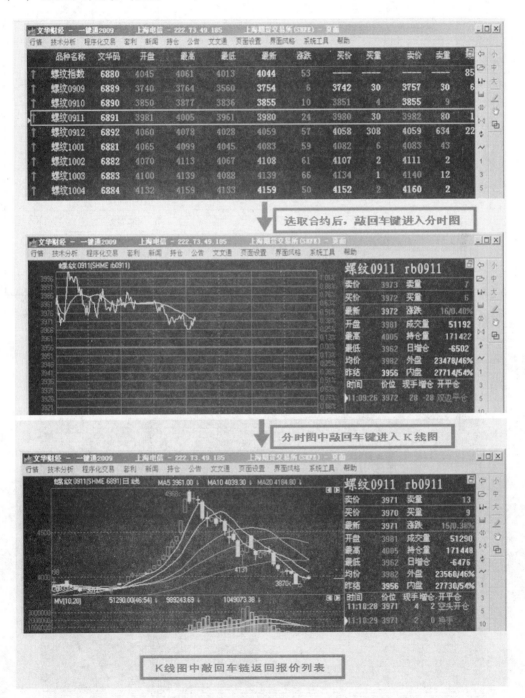

图4-4

（二）切换分析周期

在分析图中利用热键进行分析周期的切换，详细热键列表见表4－1：

表4－1

敲键盘输入的数字	相对应的分析周期
0＋Enter	Tick 图
1＋Enter	1分钟周期
2＋Enter	3分钟周期
3＋Enter	5分钟周期
4＋Enter	10分钟周期
5＋Enter	15分钟周期
6＋Enter	30分钟周期
7＋Enter	1小时周期
8＋Enter	3小时周期
9＋Enter	日周期
11＋Enter	周周期
12＋Enter	月周期

三、下单操作

（一）调出交易窗口（见图4－5）

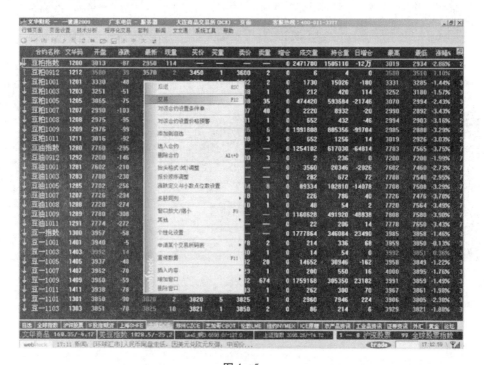

图4－5

（二）下单操作（见图 4 - 6）

图 4 - 6

（三）平仓和撤单的操作（见图 4 - 7）

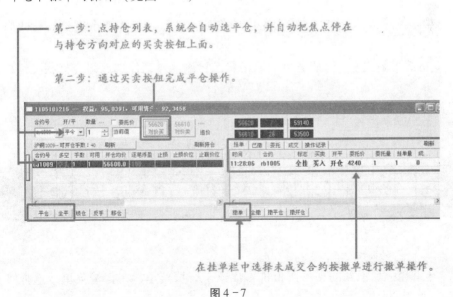

图 4 - 7

注：如果需要详细的操作说明，请参考 http://www.wenhua.com.cn/guide/guide.htm。

第二节　使用技巧

一、基本设置

（一）如何在进入系统时找到网络状况好的服务器（见图 4 - 8）

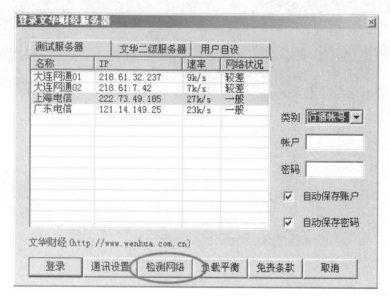

图 4 - 8

　　检测网络：检测从客户到服务器的网络连接状态，选择传输速率较高的服务器登录。

　　自动负载平衡：通过对服务器的网络状态检测，自动优选网络连接状况良好的服务器。

（二）如何调入交易所报价

　　1. 用户可以点击默认书签调出交易所报价（见图 4 - 9）：

图 4 - 9

　　2. 在书签中找不到的交易所报价可以点击行情菜单，在行情菜单下选择（见图 4 - 10）：

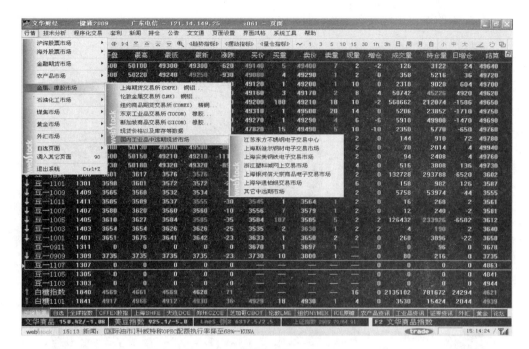

图 4 - 10

（三）如何调合约

■ 方法一：输入拼音字头、文华码或者交易代码。

如果您是一位习惯于键盘操作的用户，您需输入品种名字汉语拼音的第一个字母→按"↑"或"↓"键来选择→按回车键。

例 ［大连交易所］豆一0909 输入："dy"（如图 4 - 11）

图 4 - 11

或者输入文华码或交易代码回车即可。

■ 方法二：右键菜单中选入合约。

如果您是一位习惯于鼠标操作的用户，在行情报价窗口点击鼠标右键"选入合约"，在弹出的窗口中选择市场和品种即可调入（如图4-12）：

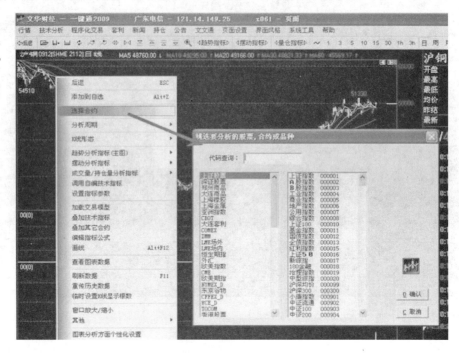

图4-12

（四）如何设置自选

■选择品种后点击右键，添加到自选。点击自选书签查看自选品种（如图4-13）：

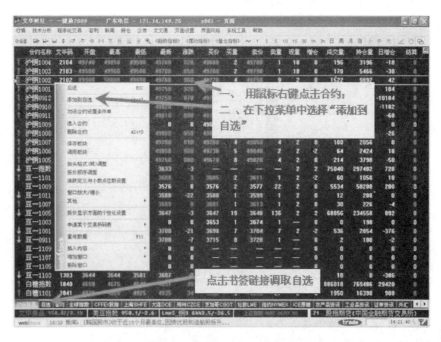

图4-13

（五）如何设置抬头

■ 第一步：在报价列表点击右键，选择抬头格式（域）调整（如图4-14）：

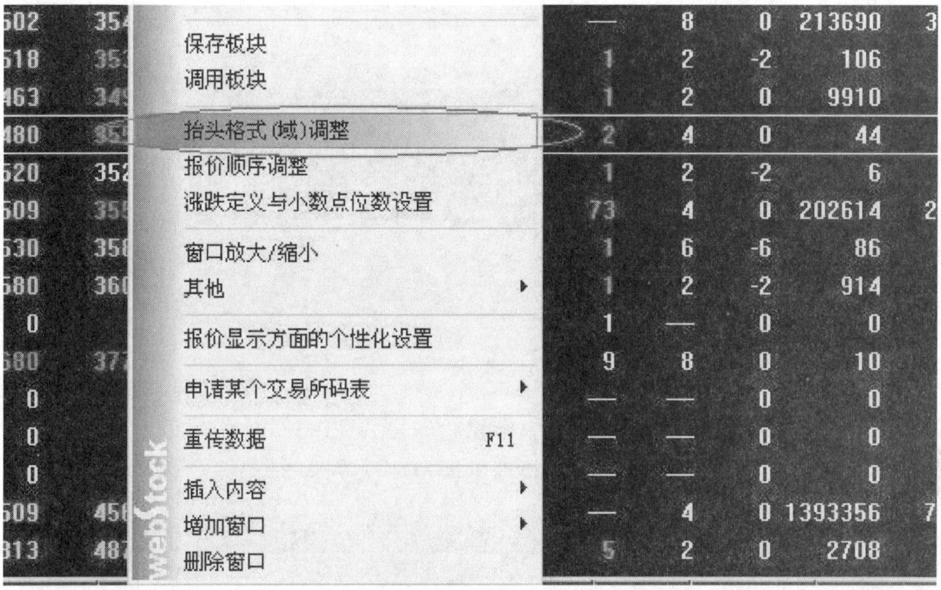

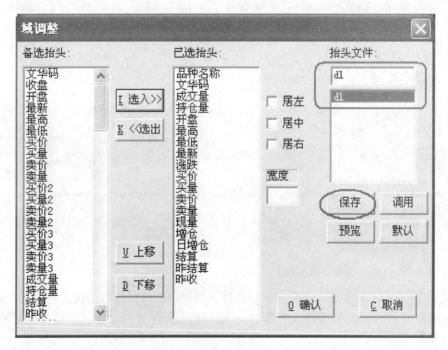

图4-14

■ 第二步：在弹出的窗口中进行调整抬头格式的操作（如图4-15）：

图4-15

"保存"可以将一些常用格式域格式保存下来，换至其他页面时可以直接调用该种格式。

（六）如何调整报价页面字体的大小

工具条上"小""中""大"按钮，可以调整报价页面的字体大小（如图4-16）：

图4-16

（七）如何进行颜色字体风格的设置

■ 方法：点击界面风格菜单→颜色设置，其中系统推荐的有黑色经典和白色时尚两个选项可选。您可以在窗口底色选项中进行背景颜色的修改，并可以自行定义界面的现实颜色，如K线、指标线、新闻界面的颜色（如图4-17）：

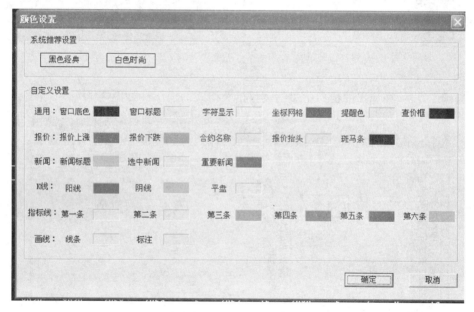

图4-17

（八）如何调出K线图

调出当前品种K线图的方法如下：

■ 方法一：如果您是一位习惯于键盘操作的用户，可以在行情报价窗口选择品种，然后按回车键即可调出K线图（其他方面的个性化设置中"窗口回车只看分时图和K线"需选中）。

■ 方法二：如果您是一位习惯于鼠标操作的用户，可以在行情报价窗口里用鼠标双击选定的品种即可（需先确保报价显示方面的个性化设置中的"双击鼠标查看分时走势图"没有选中)。

(九) 如何切换 K 线形态

除 K 线外,您还可以选择其他形态指标。

■ 方法:技术图表上单击鼠标右键→K 线形态,您可以选择竹线、宝塔线以及收盘线的 K 线形态(如图 4-18):

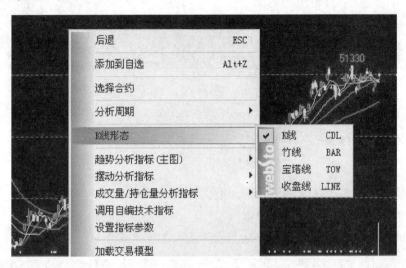

图 4-18

(十) 如何切换分析周期

■ 方法一:如果您是一位习惯于键盘操作的用户,可以利用热键进行分析周期的切换,详细热键如表 4-2:

表 4-2

按键盘输入的数字	相对应的周分析期
0 + Enter	Tick 图
1 + Enter	1 分钟周期
2 + Enter	3 分钟周期
3 + Enter	5 分钟周期
4 + Enter	10 分钟周期
5 + Enter	15 分钟周期
6 + Enter	30 分钟周期
7 + Enter	1 小时周期
8 + Enter	3 小时周期
9 + Enter	日周期
11 + Enter	周周期
12 + Enter	月周期

■ 方法二：如果您是一位习惯于鼠标操作的用户，在经典 Windows 风格下：直接用鼠标在上方工具条按钮区域里选择；股民化风格下：直接用鼠标在右方工具条按钮区域里选择（如图 4 - 19）：

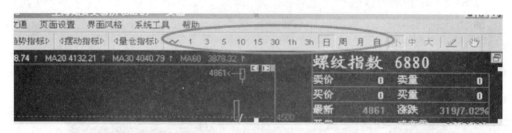

图 4 - 19

注：在"套利组合分析"的"价差图"、"价量运行趋势图"、"OX"上只能通过点击鼠标右键，在弹出的菜单中选择"分析周期"来改变分析周期。

（十一）如何调用秒级周期

文华提供更快更迅速的秒级分析周期，可以在秒级周期上启用交易模型或自编指标。目前的秒级周期有 1、3、5、10、15、20、30，不支持自定义秒级周期。

■ 可以在技术图表的小工具条中直接调用（如图 4 - 20）：

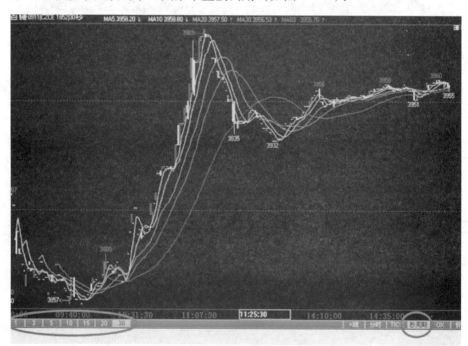

图 4 - 20

（十二）如何进行图表的缩放和移动

■ 方法一：用鼠标在左上方的按钮区控制图表的缩放和移动，其各按钮的功能，如表 4 - 3：

表4-3

按钮	功能
	向左平移图形
	向右平移图形
	水平放大图形
	水平缩小图形
	从上向下压缩图表
	从下向上放大图表
	从下向上压缩图表
	从上向下放大图表
	放大/恢复图表窗口

■方法二：利用热键控制图表的缩放和移动，如表4-4：

表4-4

热键名	功能
"↓"或"["	缩小图形
"↑"或"]"	放大图形
Shift + "←"	向右平移图形
Shift + "→"	向左平移图形

★小技巧：局部放大（如图4-21）：

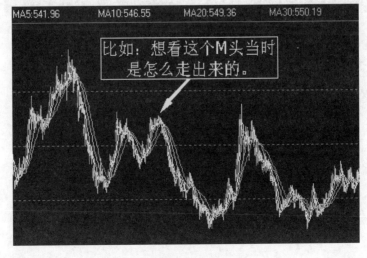

图4-21

■ 方法：光标放在 M 头左边→点住鼠标左键往右拖到 M 头右边后→松开鼠标左键即可（如图 4-22）：

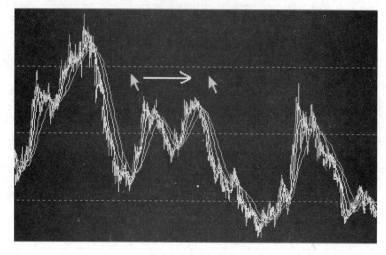

图 4-22

效果如图 4-23：

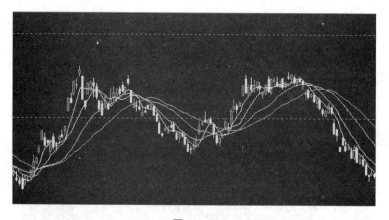

图 4-23

（十三）如何调整图表坐标

选择对数坐标或比例坐标 K 线图。

■ 方法：系统工具→图表分析方面个性化设置→图表使用对数坐标（默认算术坐标 K 线图）。如图 4-24：

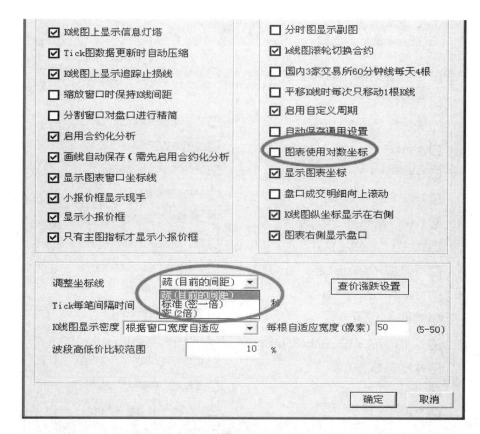

图 4 - 24

纵坐标间距设为 3 档：疏（目前的间距）、标准（密一倍）、密（2 倍） （如图 4 - 24）。

（十四）如何在分钟 K 线图上只看当日的数据

■ 操作步骤：在系统工具菜单→图表分析方面个性化设置→分钟 K 线图开盘时只显示当日数据。

作用：只显示当日开盘后的分钟 K 线数据。如图 4 - 25：

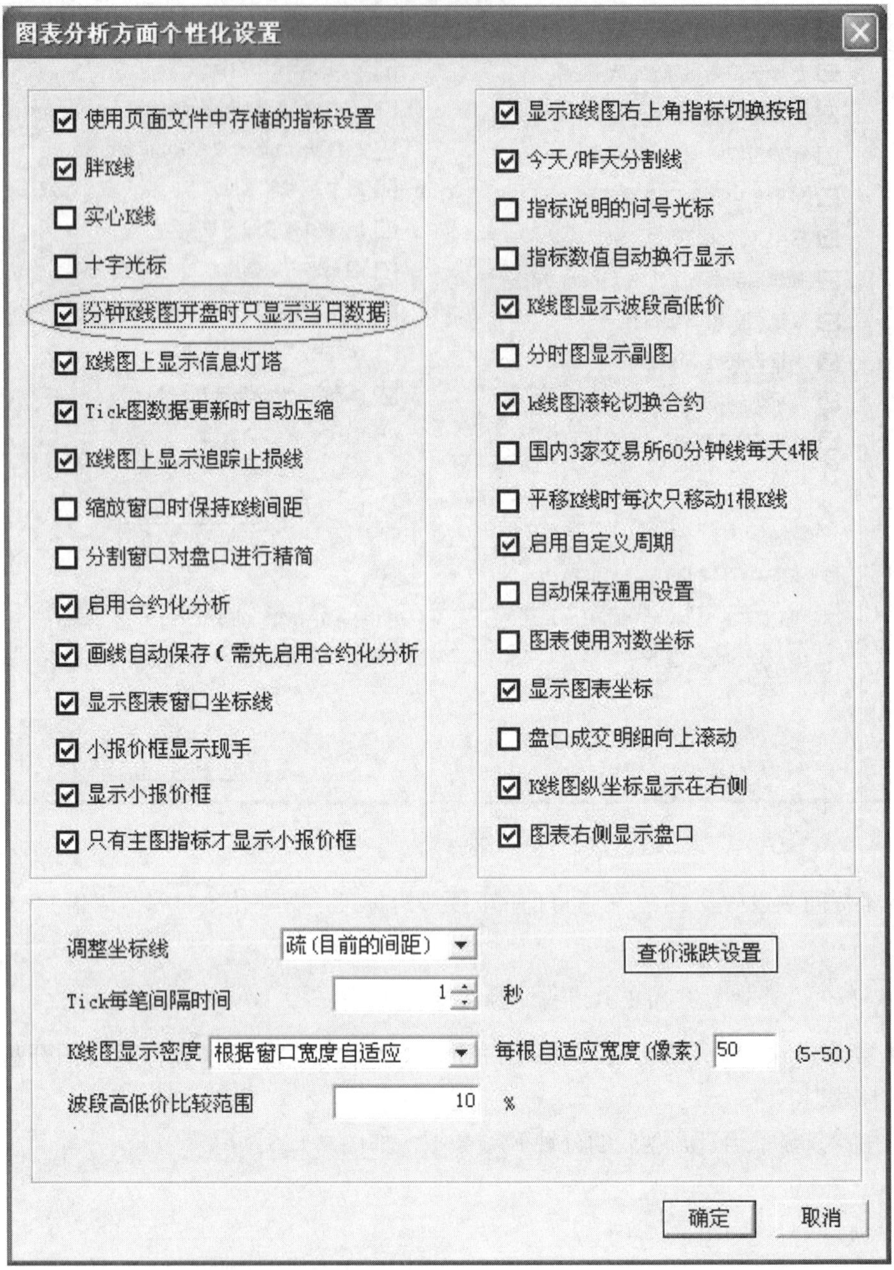

图 4 - 25

(十五) 如何设定 K 线临时显示根数

■ K 线图上点击右键→选择"临时设置 K 线显示根数"→在对话框中填入想显示 K 线的根数→系统会显示该数量的 K 线（如图 4 - 26）：

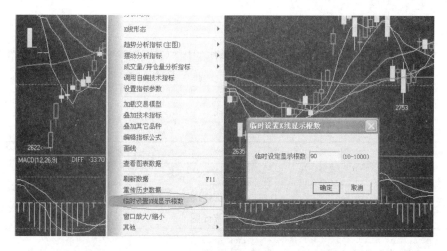

图 4-26

（十六）如何使用测距功能

■ 使用方法：在技术分析图上→点击工具条上的测距 "📊" 按钮→鼠标左键单击一根 K 线→按住鼠标左键不放，拖动到右侧的另一根 K 线。

■ 工具说明：显示出两根 K 线之间的时间价格涨跌、跨度、成交手数、持仓增减的相应数据。如图 4-27：

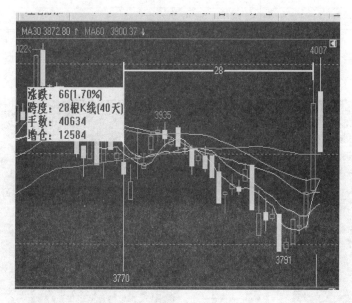

图 4-27

（十七）如何刷新数据

如果您的网速不够快，或者网络出现中断，您就需要及时地刷新数据。

■ 方法一：单击鼠标左键工具栏上的 "🔄" 按钮即可。

■ 方法二：直接按快捷键 F11 刷新数据。

（十八）如何选择分析图表

■ 方法一：如果您是一位习惯于键盘操作的用户，可以输入标准键盘操作的代码。如输入".1"→回车显示买卖力。

代码见表4-5：

表4-5

代码	技术图表
2	盘口动态数据表
3	分笔统计图
4	分价统计图
5	Tick 走势图
6	K 线图
7	竹线图
8	OX 图
9	价量运行趋势图
11	新闻
13	分时走势图
14	三线反转图
15	成交明细表

■ 方法二：如果您是一位习惯于鼠标操作的用户，可以双击鼠标左键，在弹出的菜单中选择需要的图表。如图4-28：

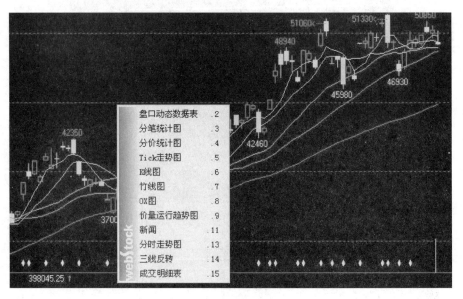

图4-28

（十九）如何调用历史分时走势图

■ 操作方法：鼠标左键单击某天的日 K 线→回车调出当日分时走势图。如图 4 - 29：

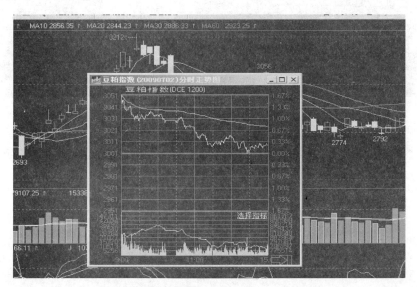

图 4 - 29

（二十）如何查看连续几日的分时走势图

■ 操作方法：按住键盘向下键。如图 4 - 30：

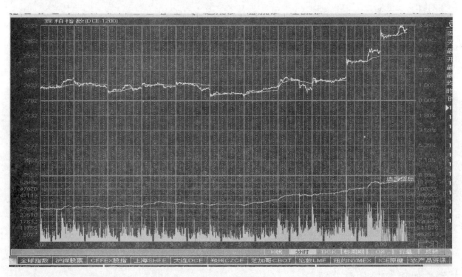

图 4 - 30

（二十一）如何修改指标参数

■ 方法一：鼠标放在指标线上→出现问号图标后然后单击右键→在右键菜单中选择"指标参数"（例如：您要修改 MACD 的参数，就在 MACD 线上单击左键）。如

图 4 -31：

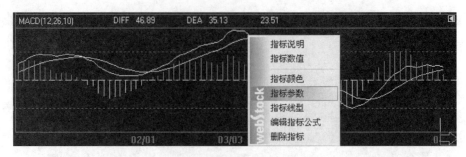

图 4 - 31

您还可以在弹出的对话框中修改参数。如图 4 - 32：

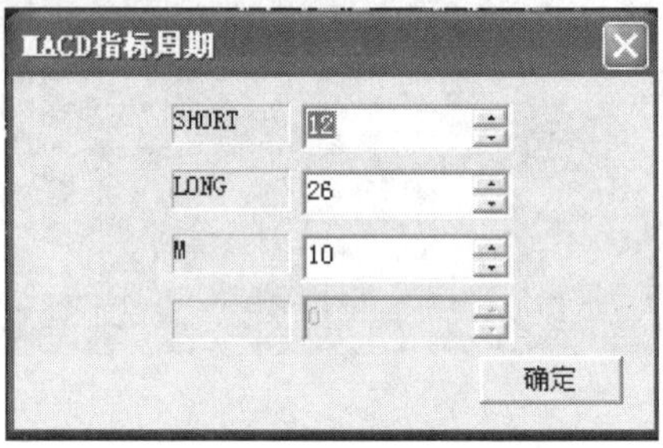

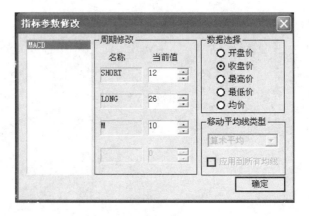

图 4 - 32

■ 方法二：在"技术分析"菜单选择"设置指标参数"，在弹出的对话框中修改参数。如图 4 - 33：

图 4 - 33

(二十二) 如何变换分析指标

■ 方法一：如果您是一位习惯于鼠标操作的用户，可以用鼠标在界面上方工具栏区域里选择。如图 4 - 34：

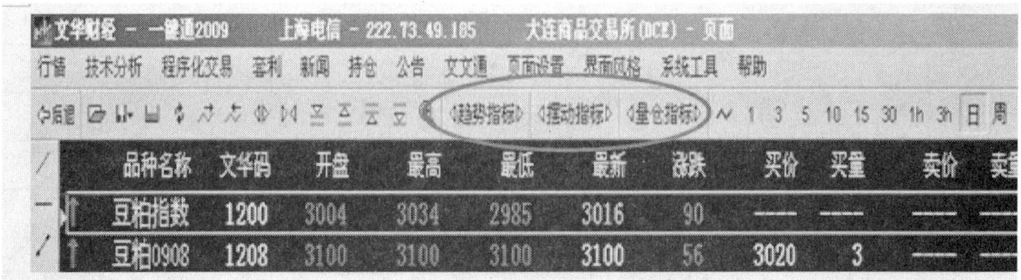

图 4－34

注：系统默认工具条停靠在右侧。工具栏显示在窗口上方的方法：取消"界面风格"→工具条停靠在窗口右侧。

■ 方法二：如果您是一位习惯于键盘使用的用户，您只需输入指标的英文名字，然后敲回车键即可显示相应的分析指标。表 4－6 显示的是《文华财经》软件提供的指标英文名：

表 4－6

类型	热键名	指标名
趋势分析指标	MA	均线组合
	PUBU	瀑布线
	SAR	止损线
	BOLL	布林通道
	ENV	ENV 指标
	CDP	逆势操作
	HCL	HCL 通道（均线通道）
	MIKE	麦克指标
	LINE	走势图
摆动指数分析指标	MACD	指数平滑异同移动平均线
	RSI	相对强弱指数
	KD	随机指标
	WR	威廉指数
	MTM	动力指标
	DMI	趋向指数
	BIAS	乖离率
	PSY	心理线
	ARBR	人气意愿指标
	ROC	超买超卖
	ADTM	动态买卖气指标
	ASI	振动升降指示
	ATR	真实波幅
	B3612	三减六日乖离

表4-6(续)

类型	热键名	指标名
摆动指数分析指标	BBI	多空指数
	CR	CR 能量指标
	DBCB	异同离差乖离率
	DDI	方向标准离差指数
	DMA	平均线差
	DMIQL	钱龙趋向指标
	DPO	Detrended Price Oscillator
	LWR	LWR 威廉指标
	MASS	Mass Index
	MI	动量指标
	MICD	异同离差动力指数
	PRICEOSC	Price Oscillator
	QHLSR	QHLSR 阻力指标
	RC	变化率指数
	RCCD	异同离差变化率指数
	SI	Swing Index
	SLOWKD	慢 KD
	SRDM	动向速度比率
	SRMI	MI 修正指标
	WAD	William's Accumulation/Distribution
	ZDZB	筑底指标
	CCI	CCI 指标
成交量持仓量分析指标	MV	均量线
	VOL	双向成交量
	OPI	持仓量
	OBV	能量潮
	VOSC	Volume Oscillator
	VR	容量比率
	VROC	量变动速率
	VRSI	量相对强弱
	WVAD	威廉变异离散量
	PVT	Price/Volume Trend
	AD	Accumulation/Distribution
	MFI	Money Flow Index
	CCL	持仓量走势
	CJL	成交量

（二十三）如何保存多组指标参数

设置好常用的指标系列后可以保存为常用设置，方便下一次调用，如图 4-35：

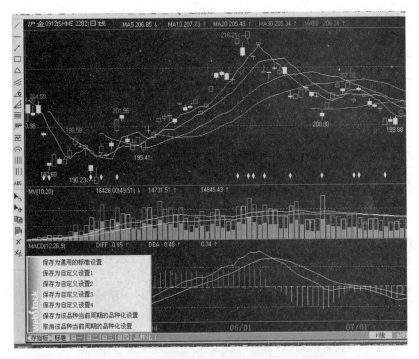

图 4-35

■ 保存为标准：所有 K 线图表的通用指标显示。

■ 保存为自定义：针对某一周期设置不同系列的指标设置，分别保存在自定义设置 1 或 2……后，下次打开任意合约该周期 K 线图后可以通过点击"自一"、"自二"、"自三"、"自四"快速切换已存的指标显示。

例 A. 同一周期不同合约间的自定义设置

调出某合约日线周期后，将图表设置为"K 线 + MA5 + MA30"→"保存为自定义设置 1"→将图表设置为"布林通道"→"保存为自定义设置 2"。这样在其他合约的日线周期上点击"自二"可直接调出布林通道，点击"自一"可直接调出"K 线 + MA5 + MA30"。

B. 同一合约不同周期间的自定义设置

调出某合约日线周期主图，将图表设置为"K 线 + MA20 + MA60"→"保存为自定义设置 1"，同时可以设置其他 3 组自定义指标设置→切换周期至 1 小时图，将图表指标设置为"K 线 + MA5 + MA30"→"保存为自定义设置 1"，同时也可以设置其他三组不同于日线周期保存过的"自二"、"自三"和"自四"，这样针对该合约的不同周期可以分别设置各自的 4 组自定义指标设置。

保存为品种化设置：针对单个合约单个周期的个性化指标设置。

注：如果勾选图表分析方面个性化设置中"自动保存通用设置"，则加载指标时会

自动保存为通用设置。

（二十四）如何设置页面

文华财经提供所见即所得的页面。

■ 方法：在"页面设置"菜单中选择"创建页面"→系统会自动清屏并弹出提示
（如图 4 - 36）：

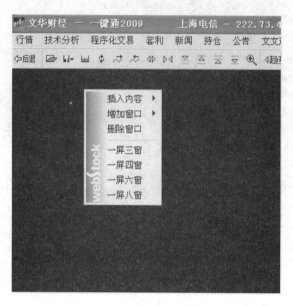

图 4 - 36

■ 可以选择系统自动默认窗口，比如一屏八窗，效果如图 4 - 37：

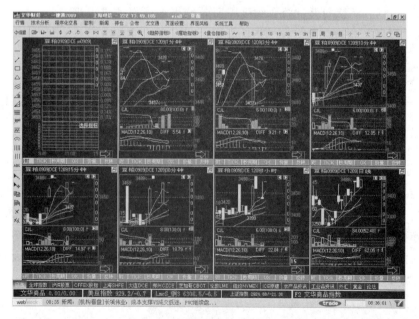

图 4 - 37

增加窗口：也可以在当前窗口中增加子窗口。

■ 方法：选择提示板上的"增加窗口"，或者点击要设置的子窗口（有红色边框的为当选窗口）→单击鼠标右键→在右键菜单中选择"增加窗口"（如图4－38）：

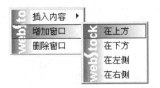

图4－38

根据提示选择要插入窗口的位置即可。

插入内容：设置当前子窗口中的内容。

1. 在要设置的子窗口上单击鼠标右键→在右键菜单中选择"插入内容"。

2. 在弹出的窗口中选择需要的品种，图4－39为选择"报价列表"后看到的对话框：

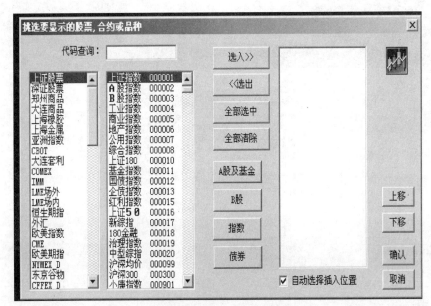

图4－39

3. 品种选入后，将页面另存，重新命名一个页面，如"我的页面"（如图4－40）：

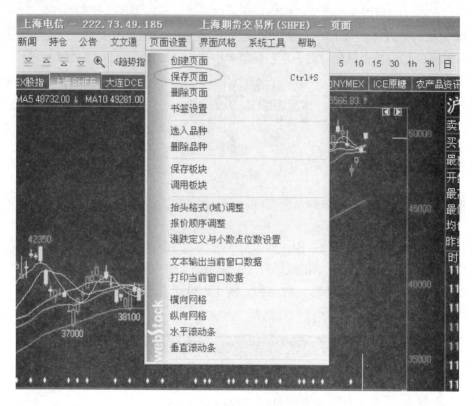

图 4 - 40

（二十五）如何调入页面

■ 方法一：点击图 4 - 41 中箭头指向的按钮，调出自定义页面。

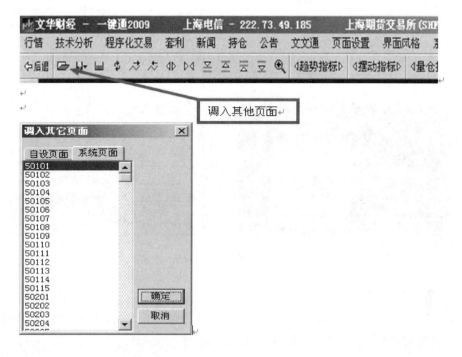

图 4-41

■ 方法二：在屏幕右下方的白框内输入"XX"后回车（XX 为用户自行设定的个性化页面数字代码），如图 4-42：

图 4-42

（二十六）如何将个人重要页面设置在书签上

■ 方法：在现有的书签上点击鼠标右键选择"插入"，即可在该书签后增加一个"新建书签"。在"书签设置"对话框内修改"书签名称"，将已保存的重要页面链接到该书签上即可。

例　已保存了命名为"套利"的大豆与豆粕的价差图，增加了命名为"套利"的书签。如图 4-43：

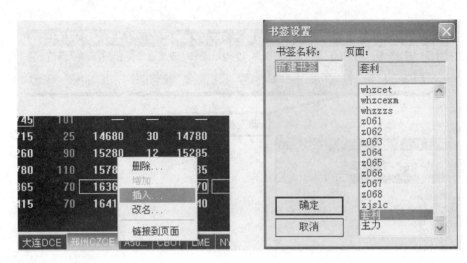

图 4 -43

（二十七）如何实现窗口联动

■ 在工具条上点击"图表窗口联动"按钮，可实现自定义页面任意窗口切换品种，其他窗口同时联动切换。如图 4 -44：

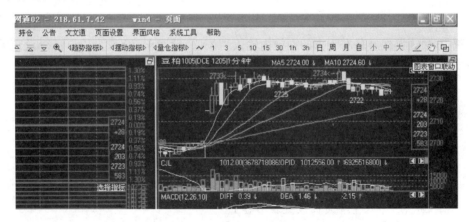

图 4 -44

■ 如在下面窗口（图 4 -45）选择"图表窗口联动"后，在一个子窗口切换品种，其他窗口随之切换（图 4 -46）。

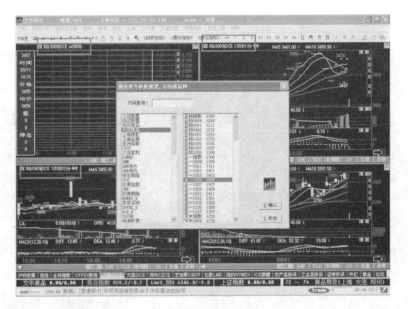

图 4 - 45

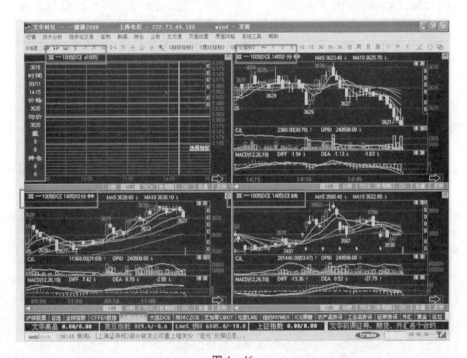

图 4 - 46

■ 如果不选择"图表窗口联动"，在一个子窗口切换品种，只是该窗口切换，其他窗口不切换（如图 4 - 47）。

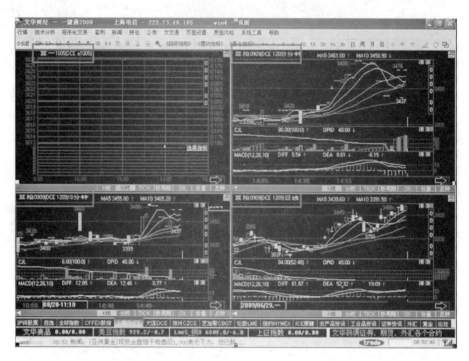

图 4-47

（二十八）如何将报价买卖盘改为横向排列

分时图/K线图右边的盘口报价的买卖盘可以自由选择是否横向排列。

■ 方法：在系统工具菜单→报价显示方面的个性化设置→盘口报价横向排列。如图 4-48：

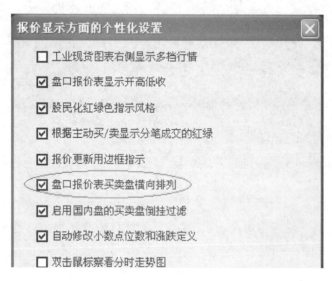

图 4-48

报价设置为横向排列后再点击报价栏中的合约，如豆粕就会显示图 4-49 的内容。

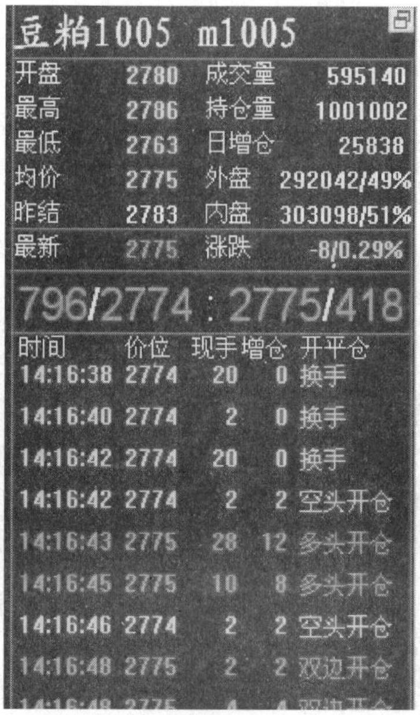

图 4 - 49

(二十九) 如何调用成交明细表

可以利用该工具跟踪主力的操作迹象，系统会根据要求显示出单笔成交量较大的多头或空头操盘记录。

■ 主动买→多头；主动卖→空头。

记录包括时间、价位、成交总量和当笔增量、持仓量和当笔增仓等数据。如图 4 - 50：

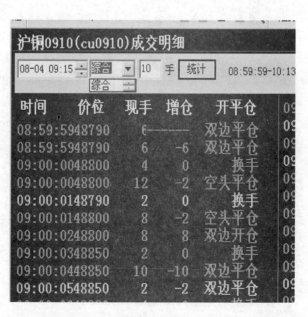

图 4 - 50

■ 操作方法：技术图表上双击鼠标左键→成交明细表。如图4-51：或者使用键盘输入".15"调出。

图4-51

（三十）如何使用画线工具

1. 趋势线

（1）工具说明

技术分析的一个重要论点就是：价格沿趋势变动。历史图表也表明，几乎所有中期的（甚至是长期的）价格变动都差不多沿着一条直线进行。有效的趋势线应由两个以上的支撑点（下跌时）或阻力点（上升时）连接而成。

注：趋势线一般是高点和高点的连线，或者是低点和低点的连线。但低点（高点）和高点（低点）的连线在判断股价的趋势时，也能发挥很大作用，这条线用来作为重要的支撑（压力）线有时还是十分有效的。

（2）研判方法

如果价格处于上升趋势或下跌趋势中，说明价格正加速前进，处于明显的多头或空头市场中，否则，则认为市场处于无势可言的状况，即"盘整态"。

一条斜线（趋势线）会把K线图分成两部分，线的上方被视为多头区域，线的下方被视为空头区域，斜线斜率的大小反映了趋势变动速度的大小。趋势线牵涉的虽然是"角度"问题，但是其每天上涨或下跌的幅度实际上是一种"速度"的表现。所以，45度角的趋势线一般称为"定速线"；如果行情既非强势也非弱势，趋势线变成接近于水平，说明行情处于无方向的盘整期。

注：①有效的趋势线是价格回调或反弹时重要的支撑线或阻力线。趋势线为什么有如此大的作用，可能的原因有：股市中一种趋势一旦确立，一般很难改变。趋势线有时也是市场信心和心理成本的象征，如果股价突破了趋势线，很容易造成多方或空方的崩溃，所以，所谓"市场主力"就会刻意维持股价沿趋势线运动。

②价格一旦突破趋势线，则是重要的趋势反转信号，应注意买入或卖出。这种方法在实际操作中确实既简单又有效，趋势代表价格的前进方向，正常情况下，价格应该持续顺着趋势的轨迹前进。有时，价格会忽而朝趋势线的左方偏离，忽而朝右方偏离，这就形成了价格与趋势线的乖离，这种乖离的研判方法与移动平均线乖离的研判方法类似，因为趋势线和移动平均线均表示股价落在"线"附近的概率较大，因而这些线对价格有一定的吸引力，移动平均线表示目前大多数人的持仓成本，趋势线表示价格前进的方向。因而，在移动平均线和趋势线周围会不断出现价格的涨落，当价格距离趋势线超过一定距离时，便会受吸引力的牵制，而逐步向趋势线靠拢；反之，当价格接近趋势线时，又会逐步偏离趋势线而产生乖离，我们可以通过比较历史数据乖离的大小来判断现在价格是否即将进行修正。

2. 水平线

水平线是以前期重要的高低点为基准通过高低点做一条水平直线，这条直线是未来行情重要的支撑或压力线，可以借助水平线来辅助决定开平仓。

3. 区间线

可以快速了解一个形态的价格涨跌、时间跨度、成交手数以及持仓增减。如图 4 - 52：

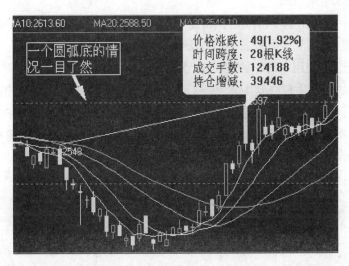

图 4 - 52

4. 箱体线

在图表上圈出一块特殊的区域，就得到了箱体线。

（1）箱体线的画法：将鼠标放在起点处→单击鼠标左键并拖动鼠标至第二点→松开鼠标即可。

（2）改变箱体的大小：点击画线工具条中"➤"→点击已画得的箱体线上的节点并拖动鼠标，→直至箱体线达到您所希望的大小松开鼠标即可。

（3）移动当前箱体线的位置：点击画线工具条中"➤中"→点击箱体线上的节点并

拖动鼠标→并拖动箱体线至您想要的位置。

（4）删除箱体线：点击画线工具条中的"❌"（单个图形的删除）→在需要删除的图形上单击鼠标左键即可将已有箱体图移去。"✖✖"可以将所有已画图形全部删除。

5．三角形

（1）三角形的画法：将鼠标放在起点处→单击鼠标左键并拖动鼠标至第二点→松开鼠标→在第三个点处单击鼠标左键即可完成一个三角形。

（2）改变三角形的大小：点击画线工具条中的"↖"→点击已画得的三角形上的节点→拖动鼠标直至三角形达到您所希望的大小松开鼠标即可。

（3）移动当前三角形的位置：点击画线工具条中"✛"→点击三角形上的节点并拖动鼠标→拖动三角形至您想要的位置。

（4）删除三角形：点击画线工具条中的"❌"（单个图形的删除）→在需要删除的图形上单击鼠标左键即可将已有箱体图移去。"✖✖"可以将所有已画图形全部删除。

6．平行线

（1）等距水平平行线

指标说明：等距水平平行线是在由达韦斯·尼古拉所创立的"股票箱理论"的基础上演变而来的（其基本原理、作图方法和研判要点与"股票箱理论"基本相同，它是"股票箱理论"应用中的一种"特例"）。

①所画出的全部平行线均为水平平行线。而"股票箱理论"所画出的平行线可以是水平平行线，更多的则是带有倾斜角度的平行线。因此，等距水平平行线主要是用于价格（包括指数）在作水平横向波动阶段的分析与研判，以及价格突破"旧箱"的上（或下）边线之后波动空间（长度）的量度。

②一般而言，在标准坐标（又称"算术等距刻度坐标"）中使用"等距水平平行线"效果较好。但不排除在少数情况下，在半对数坐标（又称"半对数刻度坐标"）中使用等距水平平行线，也可能会有较好的分析和预测效果。

③实证表明，价格波动的内在规律与波动力度并非千篇一律。部分股票（而非全部股票）或部分股票的某一个波动阶段的分析，适用于在标准坐标之下使用等距水平平行线来预测与量度，表明这一阶段波动的力度比较符合线性增长（变动速率）的特征。其直观的现象就是这一波动阶段中上升或下跌的力度均较为温和，不及呈对数增长波动（变动速率）的力度大。

④画股票箱时需要选择三个点，而在画等距水平平行线时只需要选定两个点：一个上边线的点和一个下边线的点，操作时相当便捷。

（2）对数水平平行线

指标说明：对数水平平行线是在由达韦斯·尼古拉所创立的"股票箱理论"的基础上演变而来（其基本原理、作图方法和研判要点与"股票箱理论"基本相同，它是

"股票箱理论"应用中的一种"特例")。

①所画出的全部平行线均为水平平行线。而"股票箱"所画出的平行线可以是水平平行线,更多的则是带有倾斜角度的平行线。因此,对数水平平行线主要是用于价格(包括指数)在水平横向波动阶段的分析与研判,以及价格突破"旧箱"的上(或下)边线之后波动空间(长度)的量度。

②一般而言,在半对数坐标(又称"半对数刻度坐标")中使用对数水平平行线效果较好。但不排除在少数情况下,在标准坐标(又称"算术等距刻度坐标")中使用对数水平平行线,也可能会有较好的分析和预测效果。

③实证表明,价格波动的内在规律与波动力度并非千篇一律。部分价格(而非全部股票)或部分价格的某一个波动阶段的分析,适用于在半对数坐标之下使用对数水平平行线,表明这一阶段波动的力度比较符合对数增长(变动速率)的特征,其直观的现象就是这一波动阶段中上升或下跌的力度,相对于呈线性增长波动(变动速率)的力度而言,要大得多。

④画"股票箱"时需要选择三个点,而在画对数水平平行线时只需要选定两个点:一个上边线的点和一个下边线的点,操作时相当便捷。

7. 甘氏线

(1)甘氏线定义

甘氏线(Gann line)分上升甘氏线和下降甘氏线两种,是由威廉·江恩创立的一套独特的理论。威廉·江恩是一位具有传奇色彩的股票技术分析大师,甘氏线就是他将百分比原理和几何角度原理结合起来的产物。甘氏线是从一个点出发,依一定的角度,向后画出的多条直线,所以甘氏线又称为角度线。

图4-53为一个甘氏线各个角度的直线图:

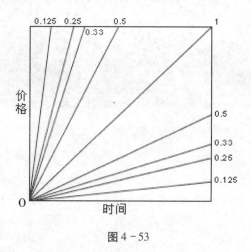

图4-53

图中的每条直线都有一定的角度,这些角度的得到都与百分比线中的那些数字有关。每个角度的正切或余切分别等于百分比数中的某个分数,或者说是百分数。

甘氏线中的每条直线都有支撑和压力的功能,但这里面最重要的是45度线、

63.75 度线和 26.25 度线。这三条直线分别对应百分比线中的 50%，62.5% 和 37.5% 百分比线。其余的角度虽然在价格的波动中也能起一些支撑和压力作用，但重要性都不大，都很容易被突破。

　■ 具体应用

第一步：确定起始点，被选择的点同大多数别的选点方法一样，一定是显著的高点和低点，如果刚被选中的点马上被创新的高点和低点取代，则甘氏线的选择也随之变更。图 4 - 54 中我们选择了 2002 年 1 月 29 日的最低点为起始点。

第二步：确定起始点后，再找角度（即 45 度线），如果起始点是高点，则应画下降甘氏线；反之，如果起始点是低点，则应画上升甘氏线。这些线将在未来起支撑和压力作用。

　例　鼠标画法：移动鼠标到被选为起始点的 2002 年 1 月 29 日的最低点→按下鼠标左键不放→拖动鼠标找角度（2002 年月 22 日的最高点）→松开鼠标即可。如图 4 - 54：

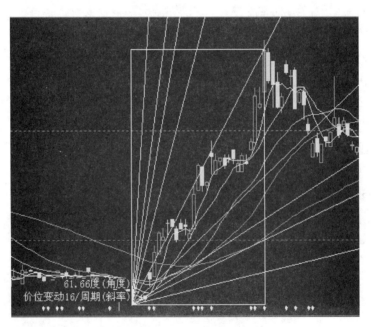

图 4 - 54

键盘画法：用"← → ↓ ↑"键找点→在起始点（2002 年 1 月 29 日的最低点）回车确定→在通过方向键"← → ↓ ↑"来找角度→找准后回车确定即可。

从上图可以看出在 4 月 3 日的价格在遇到 26.25 度线的时候停止了下跌趋势。

8. 阻速线

（1）阻速线定义

阻速线是一种将趋势线和百分比回撤融为一体的新技巧，是埃德森·古尔德开创的，实质上也属于趋势线三分法的具体应用。阻速线测绘的是趋势上升或下降的速率，或者说是趋势的速度。

（2）判研方法

如图 4 - 55 所示，如果上升趋势正处于调整之中，那么阻速线向下折返的余地通常是到上方的速度线（2/3 阻速线）为止；如果它又被超越了，那么价格还将跌到下方的速度线（1/3 阻速线）；如果下方的速度线也跌破了，那么价格就可能一路而下，直至原趋势的起点的水平。在下降趋势中，下放的速度线如果被突破，那么价格很可能上冲到上方速度线处。要是后者也失守，那就意味着价格将会涨到原趋势的起点的水平。

正如所有的趋势线一样，速度线一旦被突破，角色也会反串。这样，在上升趋势的调整过程中，如果上面的线（2/3 线）被突破，价格则跌到 1/3 线，再从后者上面反弹。这时候，上面的线已演变成阻挡障碍了。仅当上面这条线被重新穿回，价格才可能向原高点挑战。同样的道理在下降趋势中也成立。

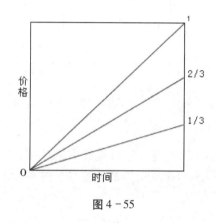

图 4 - 55

■ 具体应用

第一步：确定起始点，被选择的点同大多数别的选点方法一样，一定是显著的高点和低点，如果刚被选中的点马上被创新的高点和低点取代，则阻速线的选择也随之变更。图 4 - 56 中我们选择了 2002 年 1 月 29 日的最低点为起始点。

第二步：确定起始点后，再找角度，如果起始点是高点，则应画下降阻速线；反之，如果起始点是低点，则应画上升阻速线。

例　鼠标画法：移动鼠标到被选为起始点的 2002 年 1 月 29 日的最底点→按鼠标左键不放→拖动鼠标找角度→松开鼠标即可。如图 4 - 56：

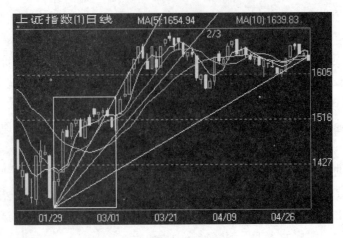

图 4－56

键盘画法：用"←→↓↑"键找点→在起始点（2002年1月29日的最低点）回车确定→再通过方向键"←→↓↑"来找角度→找准后回车确定即可。

图中可以看到在2002年3月28日突破了上面的2/3线后价格呈下跌趋势，在2002年4月25日到达1/3线时价格开始反弹。

9. 黄金率线

（1）工具说明

黄金分割率（0.382，0.618）是一组自然和谐的比率，应用在技术分析上，当价格调整时，0.382，0.618作为回调或反弹的关键位，准确度较高，与波浪理论有异曲同工之妙。

（2）研判方法

如果回调或反弹高度在0.382内，属强势调整，后市方向不会改变，如果回调或反弹高度在0.618外，后市方向可能逆转。

10. 大势线

（1）大势线

用来预测一波涨势或跌势行情的目标价位。

（2）具体应用（以图4－57中下跌行情趋势为例）

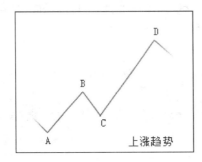
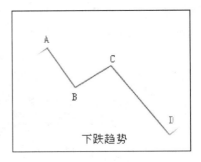

图 4－57

第一步：找到这波行情的下跌起始点 A（最高点）后回车。

第二步：通过方向键"← → ↓ ↑"或鼠标来找到下跌的最低点 B 后回车。

第三步：用同样的方法找到第三点 C，回车即可，这样就完成了大势线的画线。

例 图 4-58 是一个典型的下跌趋势，我们通过起始点（2001 年 9 月 21 日的最高点）、第二点（2001 年 12 月 31 日的最底点）和第三辅助点（2002 年 1 月 14 日的最高点）准确预测出了 2002 年 3 月 20 日：2043 的目标价位。

图 4-58

11. 反弹线

（1）反弹线

用来预测下跌趋势中的反弹阻力或上涨趋势中的反弹支撑。

（2）具体应用（以图 4-59 中下跌趋势中预测反弹阻力为例）

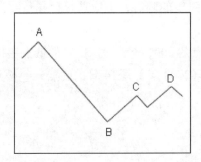 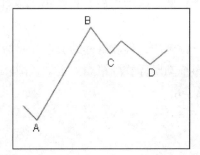

图 4-59

第一步：找到这波行情的下跌起点 A（最高点），然后回车。

第二步：通过方向键"← → ↓ ↑"和鼠标来找到下跌的最低点 B 然后回车，这样就完成了反弹线的画线。

例 图 4-60 中为下跌趋势，我们通过起始点（2001 年 9 月 21 日的最高点）、第二点（2001 年 11 月 7 日的最底点）准确预测出了 2002 年 1 月 14 日：2166 的反弹阻力价位。

图 4 - 60

12. 弧线

（1）使用方法与工具说明

菲波纳奇弧线体现了时间因素。这也是一种回撤测算技术，其构造方法与阻速线类似。首先在图上找出上下两个极端的点（通常是市场的重要顶点和底点），然后以第二个点为圆心，按照菲波纳奇参数，38%，50%，62%，从两点之间的垂直线段上截得三个半径，分别画出三条弧线。这三条弧线从时间和价格两方面标识了可能出现支撑或阻挡的位置。

（2）具体应用

第一步：确定第一点（应为显著的高点和低点），如果刚被选中的点马上被创新的高点和低点取代，则起始点的选择也随之变更。

第二步：确定起始点后，再找第二点即弧线的圆心，也应选择市场重要的顶点和底点。

例　鼠标画法：移动鼠标到被选为起始点的 2001 年 12 月 31 日的低点→按下鼠标左键不放→拖动鼠标找到第二点也就是圆心（2002 年 1 月 14 日的高点）→松开鼠标即可。如图 4 - 61：

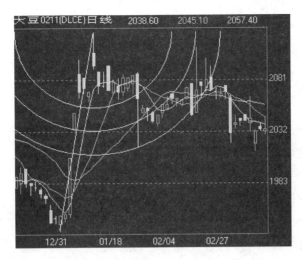

图 4 – 61

键盘画法：用"← → ↓ ↑"键找点→在起始点（2001 年 12 月 31 日的低点）回车确定→通过方向键"← → ↓ ↑"找第二点→找准后回车确定即可。

上图中所示的弧线提供了市场下方的支撑区，可以看见价格是如何暂停于两条弧线的上方的，这有助于揭示市场转折的时间。

通常我们要把弧线和其他画线结合使用，如果其中两种或三种线条重合在同一位置上，那么其趋势信号就会较强。

13. 斐波纳切周期线

（1）斐波纳切周期线

从重要的市场顶部或底部起向未来数算，得出的时间目标。其中的垂直线分别标志着未来第 3、第 8、第 13、第 21、第 34、第 55 及第 89 个交易周期的位置。这些周期可能意味着市场的重要转折点。

（2）具体应用

例 鼠标画法：移动鼠标→在图中显著的顶点或底点上（下图中选择的是 2001 年 11 月 15 日的顶部）单击左键即可。如图 4 – 62：

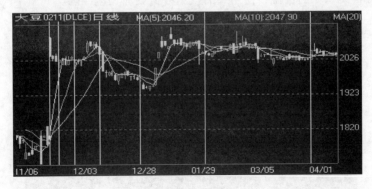

图 4 – 62

键盘画法：利用方向键"← → ↓ ↑"找点→找准后回车确定即可。

图中每个垂直的目标线都代表了市场的转折点，它们是从 2001 年 11 月 15 日的顶部推算出来的。

14. 标注、标价

■ 工具应用

如果您想将您的交易心得或者交易价格标在技术分析图上，作为资料保存。您可以运用该功能来实现

■ 操作方法

第一步：单击鼠标左键画图工具栏上的"⌨ABC"按钮。

第二步：在技术分析图上找到您要标注的位置，单击鼠标左键。

第三步：在空白栏中写入内容，写完之后将鼠标移出空白栏单击左键即可。如图 4－63：

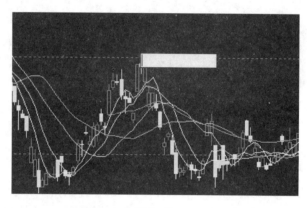

图 4－63

15. 自动"吸附"功能

文华财经分析系统的画线操作中提供有自动"吸附"功能，也就是说，在用户按"↓""↑"时，电脑会自动找到开盘价、收盘价、最高价、最低价所对应的点，而后过滤掉对于分析无意义的价位，使用户的技术分析更加迅速准确。如图 4－64：

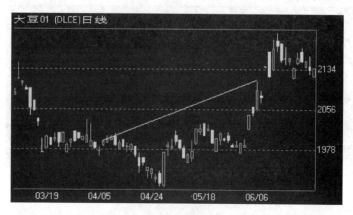

图 4－64

（三十一）如何对软件进行个性化设置

1. 品种化分析

■ 作用：启用后，可以保存指标为品种化设置，方便调用。

■ 方法：系统工具→图表分析方面的个性化设置→启用品种化分析。如图 4 - 65：

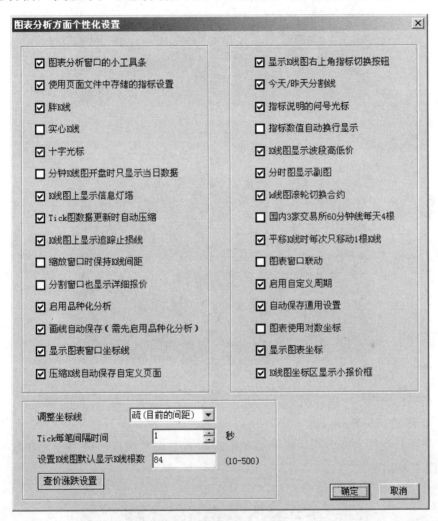

图 4 - 65

2. 胖 K 线设置

■ 作用：改变 K 线的宽度（如图 4 - 66：正常 K 线，图 4 - 67：胖 K 线）。

■ 方法：该功能系统默认是选上的，如果您想取消该功能。系统工具→图表分析方面个性化设置→将"胖 K 线"选掉即可。

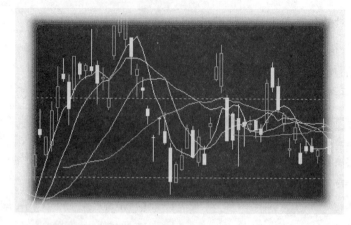

图 4 - 66

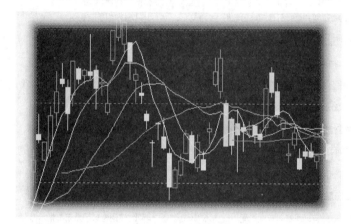

图 4 - 67

3. 今天/昨天分割线设置

■ 作用：在技术分析图中用一条黄线（垂直的黄色线段）分割今天和昨天的 K
线。如图 4 - 68：

图 4 - 68

■ 方法：系统默认是选上的。如果您不需要或不喜欢，可以先在系统工具→图表分析方面个性化设置→"今天/昨天分割线选掉。这样该功能就取消了。

4. 显示流水报价条

■ 作用：流水报价功能，位置固定在软件下方。如图 4 - 69：

图 4 - 69

■ 方法：您可以在流水报价条上单击鼠标右键→在新弹出的窗口中选入品种。如图 4 - 70：

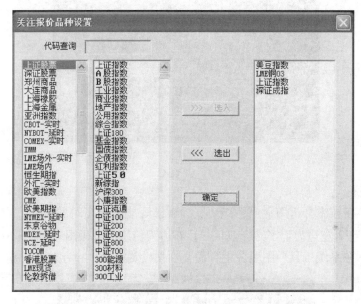

图 4 - 70

该功能系统默认是选上的，如果您不需要或不喜欢，可以先在"界面风格"菜单中选择将"关注报价条"选掉，这样该功能就取消了。

5. 信息灯塔

■ 作用：在技术分析图上显示重要信息（以小菱形的方式显示在主图最下面一行某一根 K 线对应的 X 坐标处。在小菱形上按快捷键 Ctrl + Q，可以直接调出该点的新闻；或者在出现小问号时双击察看）。如图 4 - 71。

■ 方法：该功能系统默认是选上的，如果您不需要或不喜欢，可以先在系统工具→图表分析方面个性化设置→将"K 线图上显示信息灯塔"选掉，这样该功能就取消了。

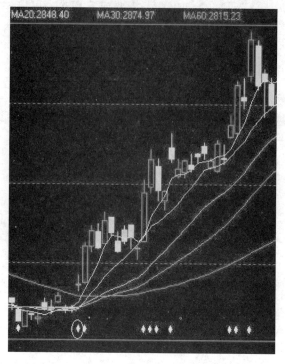

图 4-71

6. 十字光标

■ 作用：在技术分析图上当您移动鼠标时，既能显示当时的日期，也能显示当时的价位。图 4-72 左边为十字光标效果图，右边为传统的效果图。

■ 方法：在系统工具→图表分析方面个性化设置→将"十字光标"选上。

图 4-72

7. 自动翻屏设置

■ 作用：如果您的书签页面显示得品种太多，一屏显示不完，您可以进行该设置，这样每隔一段时间就会自动翻屏。

■ 方法：在系统工具→报价显示方面个性化设置→"自动翻屏"设置，再在弹出的窗口中进行设置。如图 4-73：

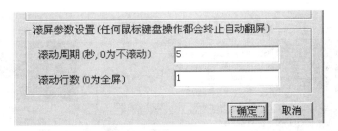

图4-73

8. 状态条显示即时新闻

■ 作用：可以自己设置状态条内是否显示新闻。

■ 方法：在系统工具→其他方面的个性化设置→"状态条上显示新闻"，可以将软件下方的即时新闻条隐去。如图4-74：

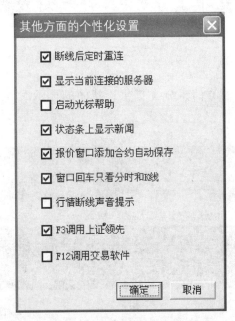

图4-74

9. 页面、书签、模型和指标的备份、导出以及导入

■ 作用：当重新安装软件后，一切将是原始状态。自选页面、书签、自定义模型、编辑的指标等也将消失。通过系统工具中的"页面、书签、指标、模型的备份与导入"实现将其保存在自己的计算机上，可以随时提取。

■ 方法：通过点击"导出"可以将其备份在指定的路径。同样，可以通过"导入"功能，讲您保存的模型等加载在软件中。

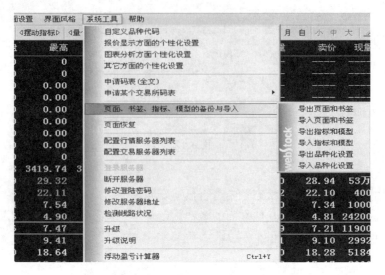

图 4-75

(三十二) 如何使用新闻热键

将新闻、持仓、公告等信息分类提供，新闻的显示时间为"年-月-日"，如图 4-76：

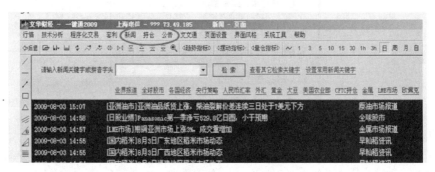

图 4-76

新闻热键如表 4-7：

表 4-7

热键名	功能
SPACE（空格键）	显示该条新闻内容
ENTER（回车键）	关闭已打开的新闻窗口
CN	调出中文新闻列表
ALL	调出全部中英文新闻

(三十三) 如何调出新闻、持仓、公告列表

可以通过新闻菜单选择新闻列表页面，持仓、公告操作类似。如图 4-77：

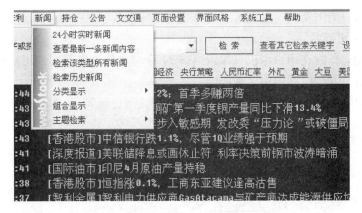

图 4-77

1. 选择新闻

通过方向键"↓ ↑"或用鼠标在列表内选择新闻，黄色的为当选新闻。

2. 观看详细内容

选择好新闻后使用回车键或空格键，也可直接用鼠标双击调出新闻页。如图 4-78：

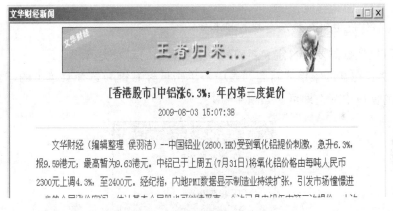

图 4-78

3. 调出最新一条新闻

利用热键"F2"或双击软件最下方显示的"最新新闻"（如图 4-79），也可在下拉菜单或新闻列表的右键菜单里选择。

图 4-79

(三十四) 如何下载某类型所有新闻

下载当选新闻的同类型新闻最近 200 条。确定当选新闻后，在新闻菜单或右键菜单中选择"下载该类型所有新闻"即可。根据不同类型新闻每日数量的不同，下载后新闻有可能为一周内新闻，也有可能为一个月内的新闻。

■ 下载历史新闻

资讯终端运行时在用户本机只保留当前 24 小时内的最新新闻，用户可以通过下载历史新闻来浏览其他时间的中文新闻。

在新闻菜单或鼠标右键菜单中选择"下载中文历史新闻"，弹出申请历史新闻的对话框。如图 4 - 80：

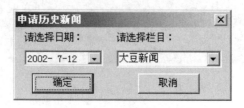

图 4 - 80

可以点击"▼"，或者用鼠标或通过方向键"← → ↓ ↑"来调出日期和选择栏目。

下载当前新闻类型的所有新闻：在鼠标右键菜单中选择"下载该类型所有新闻"即可。

（三十五）如何使用组合显示查看新闻类型

用户可以根据需要，自定义新闻列表里所显示的新闻类型。

■ 方法：在新闻菜单或新闻列表中→单击鼠标右键→选择菜单中的"组合显示"→在弹出的窗口中筛选即可。如图 4 - 81：

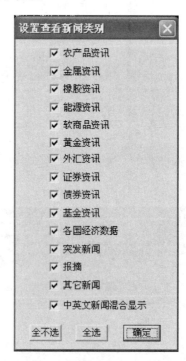

图 4 - 81

（三十六）如何使用分类显示

新闻列表中只显示一种新闻类型，在新闻菜单或右键菜单中的"分类显示"里选择。如图 4 - 82：

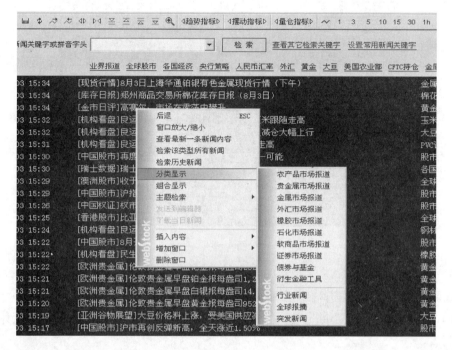

图 4 - 82

（三十七）如何进行检索

1．利用搜索条进行检索

这是一个类似百度的搜索界面，客户可以输入关键字进行新闻检索，搜索条下方设置了一些常用的新闻关键字，您也可以设置常用新闻关键字，其他检索关键字中给您提供了一些常用的关键字，您可以根据这些关键字进行相应的检索设置。如图 4 - 83：

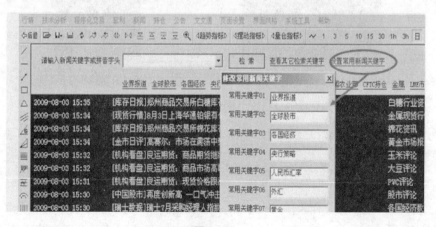

图 4 - 83

2．主题检索（选择新闻栏目）

在新闻菜单或新闻列表的右键菜单中的"主题检索"，可以根据详细的栏目划分来挑选新闻。如图4－84：

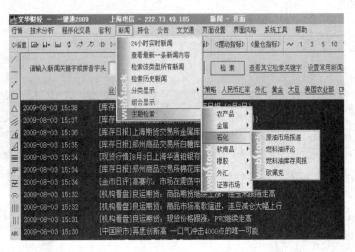

图4－84

3．关键字新闻检索

在新闻页面输入关键字的拼音缩写字母。

例　大豆评论输入"dd"，用"↓ ↑"来选择（如图4－85），可调出大豆评论的新闻列表。

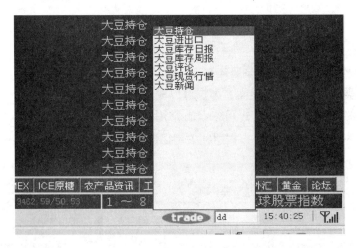

图4－85

增加了持仓报告菜单和交易所公告菜单，可以按照品种、交易所名称和股票代码进行检索。

（三十八）什么是文文通及如何使用

文文通客户咨询系统不同于MSN、QQ等聊天工具，是专门针对期货公司维护客户层面开发的产品，不仅可以发送交易模型、套利模型、技术指标，而且还能够通过"领航"

功能让资深投资顾问带领客户做单，从而提高客户整体盈利水平。其功能如图4－86：

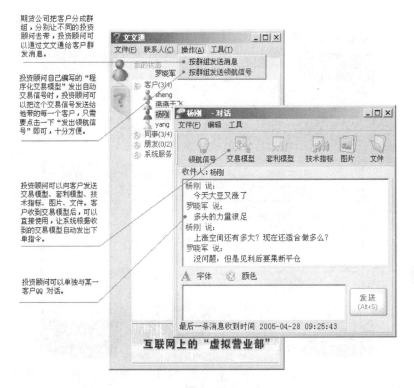

图4－86

1. 可以给一个群组的客户发消息

期货公司把客户分成群组，分别让不同的投资顾问去带，投资顾问可以通过文文通给客户群发消息。如果客户当时没有联机，下次登录时才会收到这条信息。如图4－87：

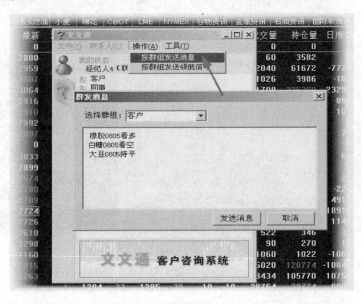

图4－87

2. 投资顾问

投资顾问可以发送交易模型、套利模型、技术指标、图片、文件。发图 4 - 88：

图 4 - 88

客户收到交易模型后，可以直接使用，让系统根据收到的交易模型自动发出下单指令。如图 4 - 89：

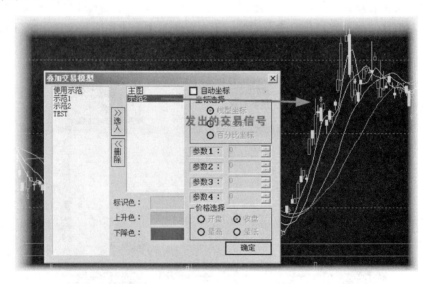

图 4 - 89

3. 投资顾问也可以单独与某一客户 QQ 对话（如图 4 - 90 所示）

客户之间只有相互知道文华系统的账号名的情况下，才可以互相对话；期货公司的工作人员间相互知道文华系统的账号名的情况下，可以互相对话。

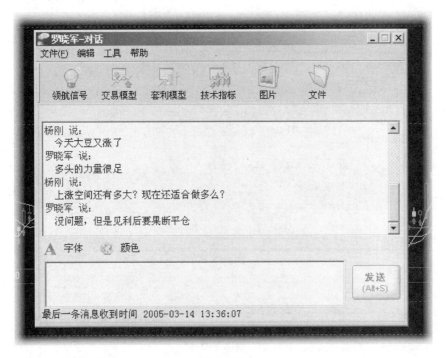

图 4 - 90

4. 投资顾问可以发出领航信号

（1）投资顾问自己编写的"程序化交易模型"发出自动交易信号时，投资顾问可以把这个交易信号发送给他带的每一个客户，只需要点击一下"发出领航信号"即可，十分方便。如图 4 - 91 所示：

图 4 - 91

（2）系统也支持投资顾问随时手动发送领航信号，如图 4 - 92 所示：

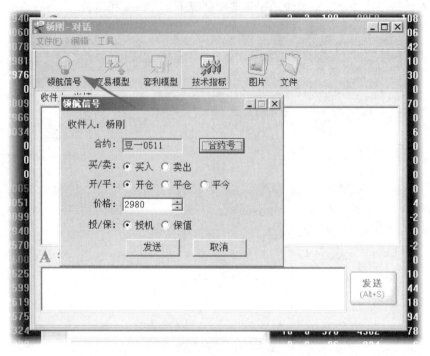

图 4 - 92

（3）客户收到投资顾问发来的领航交易信号，只需要点击一下"下单"，就可以完成交易委托，十分方便。这样客户就可以根据投资顾问的领航信号进行交易了，实际上就是使用投资顾问的交易智慧进行交易。对于一个初期客户来说，可以大大提高整体盈利水平。如图 4 - 93：

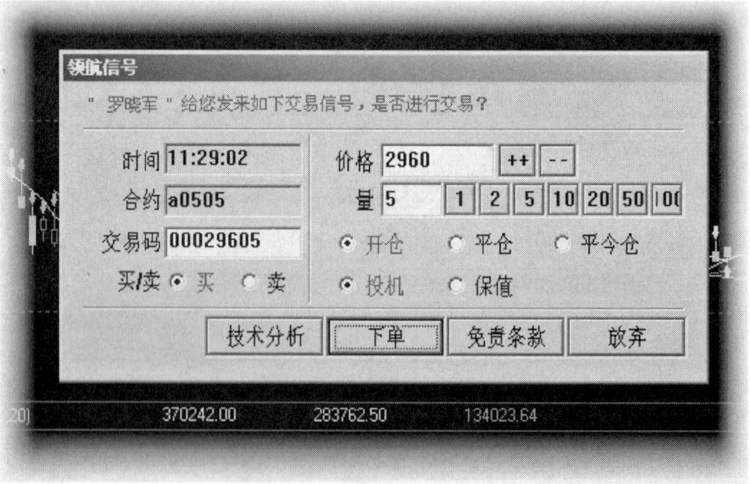

图 4 - 93

二、一键通下单系统（在 Mytrader 一键通 2009 中实现）

（一）如何调出下单窗口

■ 方法：在报价列表中点击右键→选择交易即可调出交易窗口（或直接按键 F12）。如图 4－94：

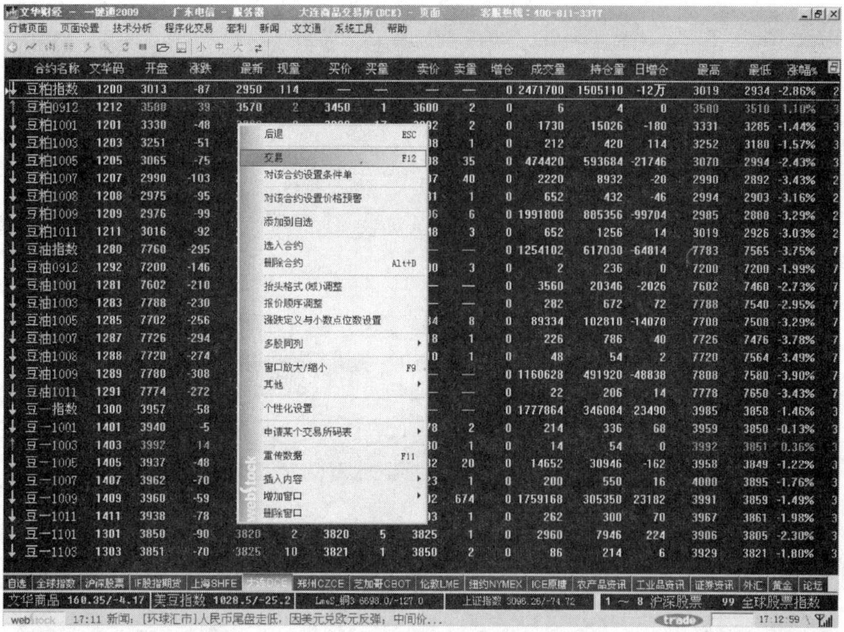

图 4－94

（二）如何下单

■ 方法：点击"买卖"按钮可以下单。如图 4－95：

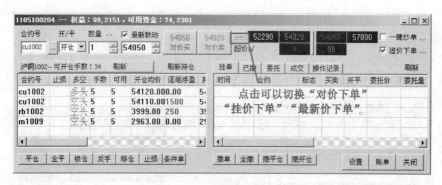

图 4－95

（三）如何指定价格下单

■ 方法：在价格输入框输入价格→下单按钮会自动显示您输入的价格→点击"买入"或者"卖出"即可。如图 4－96：

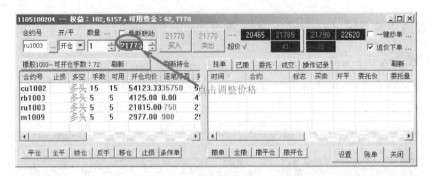

图 4－96

（四）如何撤单

■ **方法：** 如需撤掉挂单，只要双击挂单列表中的挂单即可。也可选择挂单合约后点击撤单按钮实现撤单。如图 4－97：

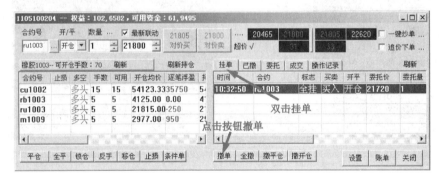

图 4－97

（五）如何平仓

■ **方法一：** 鼠标点击持仓→光标焦点会根据持仓方向落在"买卖"按钮上，点击"买卖"按钮即可平仓。同时可以调节数量和价格微调按钮，对平仓手数和平仓价格进行设置。

■ **方法二：** 鼠标点击持仓，点击"平仓"按钮进行平仓，如图 4－98。

■ **方法三：** 双击持仓，实现快速平仓。

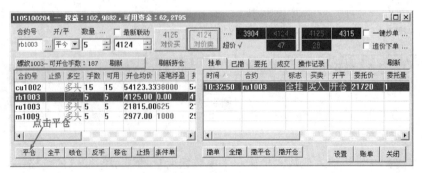

图 4－98

（六）如何设置默认下单手数

　　方法：点击一键通交易软件中"数量"后面的"…"即可针对合约设置默认的下单手数。如图 4 - 99：

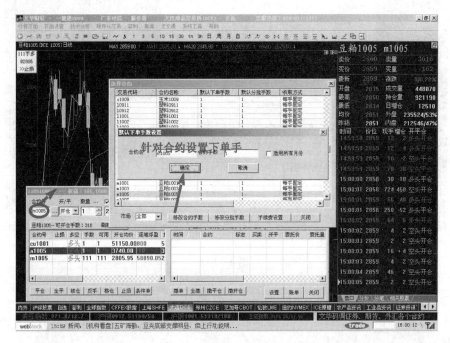

图 4 - 99

（七）如何使用追价下单

　　追价下单启动后，系统会自动撤单，然后自动按照最新报价重新发出委托，直到完全成交。

　　■ 方法：将一键通交易界面右上角的"追价下单"勾选即可。可以点击"追价下单"后面的"…"设置触发条件、追价范围和追价机制。如图 4 - 100：

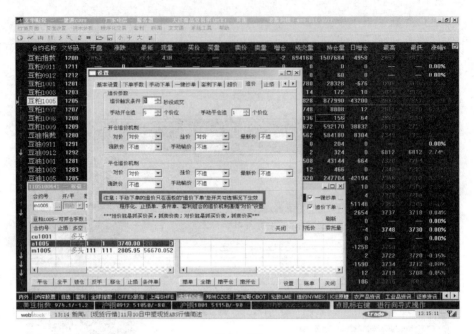

图 4 - 100

追价触发条件：以时间为条件，即下单后 N 秒钟没有成交就触发追价下单。

手动开仓、平仓追价范围：系统可以对手动下单设置追价范围，如果价格变化超过设置的追价范围，就停止追价。

追价机制：对追价触发自动发出委托的委托价格进行设置。

对价：对买价卖，对卖价买。

挂价：对买价买，对卖价卖。

手动下单时如果执行对价操作，则在追价时执行对价中的设置进行追价。

例　某合约买价为 2000，卖价为 2001。此时以 2001 发出买入委托为对价买，以 2000 发出卖出委托为对价卖；以 2000 发出买入委托为挂价买，以 2001 发出卖出委托为挂价卖。

如果开仓追价机制中"对价"的设置为"对价"，当以 2001 发出买入委托（对卖价买，对价操作）；下单没有成交，则启动追价，重新发出委托时的委托价为当时的卖价。

如果开仓追价机制中"对价"的设置为"挂价"，当以 2001 发出买入委托（对卖价买，对价操作）；下单没有成交，则启动追价，重新发出委托时的委托价为当时的买价。

如果开仓追价机制中"对价"的设置为"最新价"，当以 2001 发出买入委托（对卖价买，对价操作）；下单没有成交，则启动追价，重新发出委托时的委托价为当时的最新价。

如果开仓追价机制中"对价"的设置为"不追"，当以 2001 发出买入委托（对卖价买，对价操作）；下单没有成交，则不进行追价操作。

挂价、最新价、涨跌价（涨跌停价）、手动输价的追加机制原理同上。

手动输价：抓价后，对下单合约的价格和手数进行过修改。

注意：1. 手动下单只有在一键通交易窗口"追价下单"勾选后生效；程序化交易、套利、条件单、止损单分别在各自功能模块内设置是否启动追价下单。

2. 手动下单、程序化交易、套利、条件单、止损单均遵循追价触发条件设置参数。

3. 只有手动下单遵循追价范围的设置参数；对程序化交易、套利交易、条件单、止损单等追价范围的设置参数无效。

4. 手动下单按照实际下单情况执行追价机制；程序化交易、套利交易、条件单、止损单等遵循对价的追价机制。

（八）如何使用超价下单

使用超价下单，系统会自动在有利于成交的方向加减 N 个最小变动价位，提高成交几率。

■ 方法：点击一键通下单系统中的"设置"→选择"超价"→设置需要调整的最小变动价位。如图 4－101。

点击一键通交易界面"超价"按钮→将其勾选→点击"买卖"按钮即实现超价下单。如图 4－101：

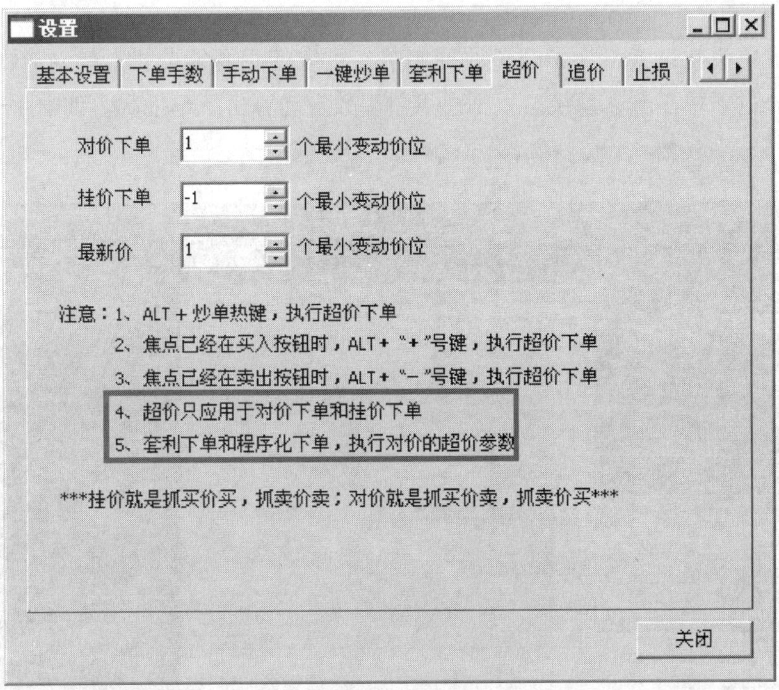

图 4－101

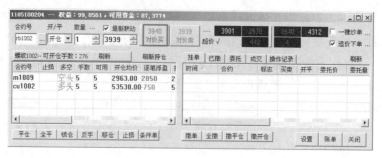

图 4 - 102

如图 4 - 101，对价下单调整 1 个最小变动价位，此时在图 4 - 102 中点击"对价买"则会以 3941 发出买入开仓的委托。比卖价高出一个点，更容易成交。

注意：1. 手动下单按实际下单情况执行对价下单和挂价下单的超价参数，程序化交易、止损单执行对价的超价参数，条件单、套利不支持超价功能。

2. 手动下单只有在一键通交易窗口"超价"勾选后生效；程序化交易、止损单分别在各自功能模块内设置是否启动超价下单。

3. 超价下单和追价下单同时使用，只在第一次下单时执行超价，追价过程中的后续下单不执行超价。

（九）如何使用智能分批

如果下单手数过大，为了避免改变趋势，可以使用智能分批。针对合约的流动性设置默认分批下单手数，系统会根据总下单手数自动算出下单批次。如图 4 - 103：

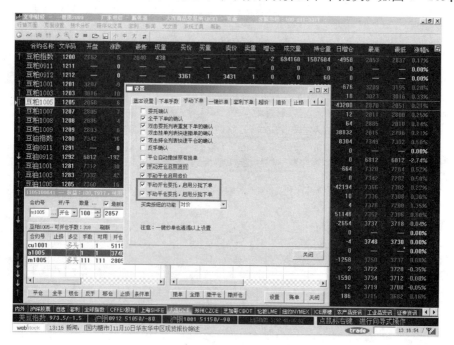

图 4 - 103

注意：手动下单、程序化交易、套利、条件单支持智能分批，可以在各自功能模块内设置是否启动；止损单不支持智能分批。

分批下单和追价下单同时使用，追价下单会确保每批成交后，再发出下一批委托。

（十）如何设置默认分批手数

按照合约的流动性设置默认分批手数，分批下单功能启动后，系统会按照默认的分批手数将总手数分批下单。

■ 方法：点击一键通下单界面中"数量"后面的"…"→调出设置栏→选择合约后点击"修改分批手数"→设置好手数后确定即可。如图4-104：

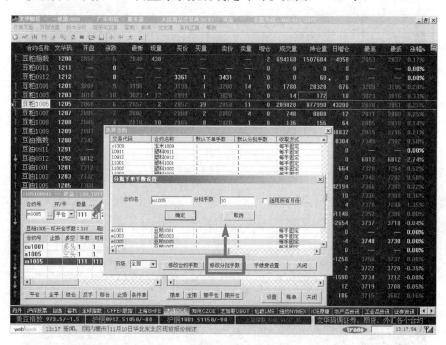

图4-104

注意：手动下单、程序化交易、条件单遵循默认分批下单手数设置参数。

默认分批下单手数设置参数对套利无效，套利按照套利组合设置的每份下单手数进行分批下单。

（十一）如何取消追价和分批等算法交易过程

■ 方法：点击程序化交易→选择"算法交易过程监控"→点击"取消算法交易"和"取消以后批次"即可取消目前将要进行的追加和分批。如图4-105。

取消算法交易：取消当前正在进行及以后批次的算法交易。

取消以后批次：当前正在进行的算法交易继续执行，以后批次算法交易取消。

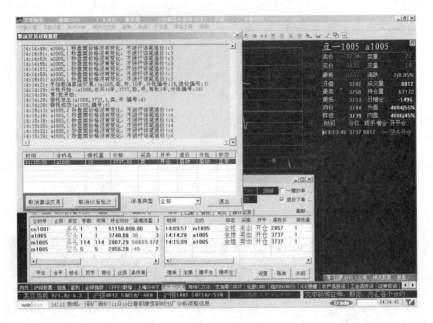

图 4－105

（十二）如何使用止损止盈

■ 方法：在一键通交易系统中点击"止损"即可调出止损单→根据需要设置止损价位等选项→点击"确定"即可。如图 4－106：

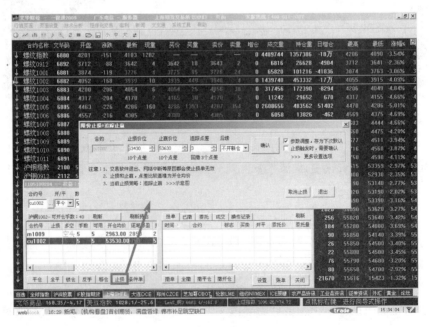

图 4－106

注意：程序化交易、套利、条件单可以在各自的功能模块内设置是否启动止损止盈。

（十三）如何使用不同的止损策略

　　一键通交易系统提供三种止损策略，可根据不同止损需要选择不同的策略。优秀的止损策略既可以将损失降到最低，也可以保证利润最大化。

　　■ 方法：点击"设置"→选择"止损"选项→切换止损策略即可。如图4－107：

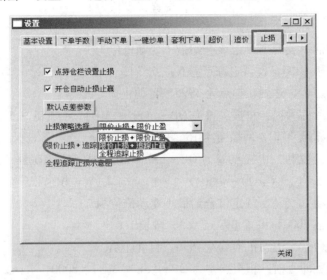

图4－107

注意：手动下单、程序化交易、套利、条件单均遵循止损策略的设置。

三种止损策略介绍：

（1）全程跟踪止损。原理如图4－108所示：

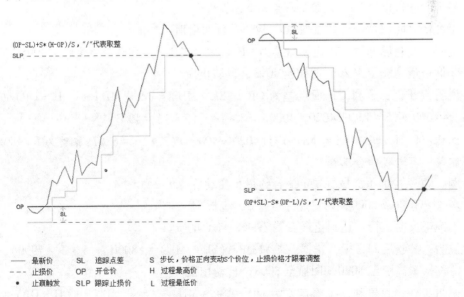

图4－108

全程止损原理说明：以做多为例，MD 为最小变动价位。

开仓后亏损：止损点差为 OP－(SL＊MD)。

开仓后盈利：止损点差为 OP－(SL＊MD)＋(S＊MD)＊((H－OP)/(S＊MD))。

注意：(H－OP)/(S＊MD)数值取整。取整为向下取整，不进行四舍五入。

对于初级使用者，建议使用默认步长设置，步长为1。

举例说明：

例　做多豆油（交易所规定该合约最小变动价位为1）

多头开仓价格4000，设置追踪点差5，步长1。

①价格反向运行，达到止损点差3995，自动止损。

说明：开仓后即亏损，止损点差为 OP－(SL＊MD)＝4000－5＊1＝3995。

②价格最高涨至4020，回撤至4015，自动止损。

说明：开仓后盈利，止损点差为 OP－(SL＊MD)＋(S＊MD)＊((H－OP)/(S＊MD))＝4000－(5＊1)＋(4020－4000)/(1＊1)＊(1＊1)＝4015。

例　做多豆油（交易所规定该合约最小变动价位为2）

多头开仓价格8000，设置追踪点差5，步长1。

①价格反向运行，达到止损点差7990，自动止损。

说明：开仓后即亏损，止损点差为 OP－(SL＊MD)＝8000－5＊2＝7990。

②价格最高涨至8020，回撤至8010，自动止损。

说明：开仓后盈利，止损点差为 OP－(SL＊MD)＋(S＊MD)＊((H－OP)/(S＊MD))＝8000－(5＊2)＋(8020－8000)/(1＊2)＊(1＊2)＝8010。

例　做多豆油（交易所规定该合约最小变动价位为1）

多头开仓价格4000，设置追踪点差5，步长3。

①价格反向运行，达到止损点差3995，自动止损。

说明：开仓后即亏损，止损点差为 OP－(SL＊MD)＝4000－5＊1＝3995。

②价格最高涨至4020，回撤至4013，自动止损。

说明：开仓后盈利，止损点差为 OP－(SL＊MD)＋(S＊MD)＊((H－OP)/(S＊MD))＝4000－(5＊1)＋(4020－4000)/(3＊1)＊(3＊1)＝4013。

注意：((H－OP)/(S＊MD))为(4020－4000)/(3＊1)＝6.67,取整为6。此处为向下取整，不进行四舍五入。

例　做多豆油（交易所规定该合约最小变动价位为2）

多头开仓价格8000，设置追踪点差5，步长3。

①价格反向运行，达到止损点差7990，自动止损。

说明：开仓后即亏损，止损点差为 OP－(SL＊MD)＝(8000－5＊2＝7990)。

②价格最高涨至8020，回撤至8008，自动止损；

说明：开仓后盈利，止损点差为 OP－(SL＊MD)＋(S＊MD)＊((H－OP)/(S＊MD))＝8000－(5＊2)＋3＊(3＊2)＝8008。

注意：((H－OP)/(S＊MD))为(8020－8000)/(3＊2)＝3.33,取整为3。此处为

向下取整，不进行四舍五入。

（2）限价止损＋追踪止盈

原理如图 4－109 所示：

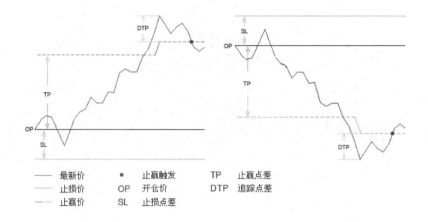

图 4－109

例　多头开仓价 2000，设置止损点差 5，止赢点差 20，追踪点差 3，最小变动价位 2。

注：系统的默认保底止赢损失是 2 个价位。

①价格跌至 1990（2000－5＊2 ＝ 1990），自动止损。

②价格上涨至 2040～2046 区间开始回撤，回撤至 2036（2000＋20＊2＝2040；2000＋20＊2＋3＊2＝2046），自动止赢。

③价格上涨至 2046 以上，回撤 3＊2，自动止赢。

（3）限价止损＋限价止盈

例　多头开仓价 2000，设置止损价位 1990，止赢价位 2010。

（1）价格跌至 1990，自动止损。

（2）价格上涨至 2010，自动止盈。

（十四）如何开仓自动做止损止盈

■ 方法：点击一键通交易界面中的"设置"→选择"止损"→将"开仓自动止损止盈"勾选即可。如图 4－110：

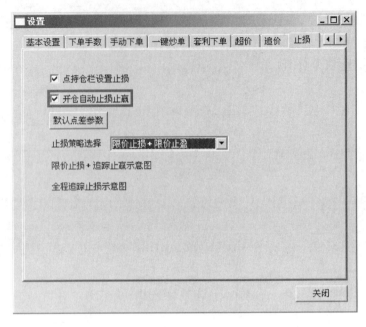

图 4 - 110

注意：手动下单、程序化交易、套利、条件单均遵循开仓自动止损止盈设置。

（十五）如何设置默认止损点差参数

■ 方法：点击一键通交易界面中的"设置"→选择"止损"→点击"默认点差参数"→可对每个合约设置默认止损点差。如图 4 - 111：

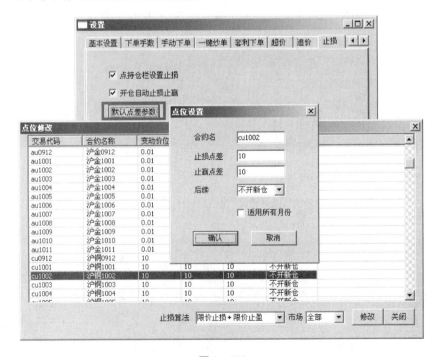

图 4 - 111

注意：手动下单、程序化交易、套利、条件单开仓自动止损止盈均遵循默认点差参数。

（十六）如何实现止损时自动撤掉平仓挂单

如果事先针对持仓下过平仓挂单，当止损单触发的时候，根据交易规则，会提示"持仓不足"。选择"止损时自动撤掉平仓挂单"，系统会自动撤掉原有挂单后下单平仓。

■ 方法：点击"止损"调出止损单→点击"选项"调出止损设置→将"止损时自动撤掉平仓挂单"勾选即可。

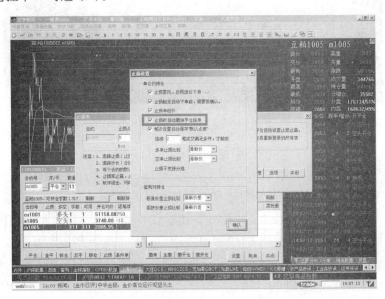

图 4-112

（十七）如何过滤止损时的虚假价格信号

为避免行情中的少数极端行情引发止损单触发，可以通过设置过滤掉虚假的价格信号。

■ 方法：点击一键通交易系统中的"止损"调出止损单→点击"选项"→在"连续□笔成交满足条件，才触发"中填入适当数字即可。如图 4-113：

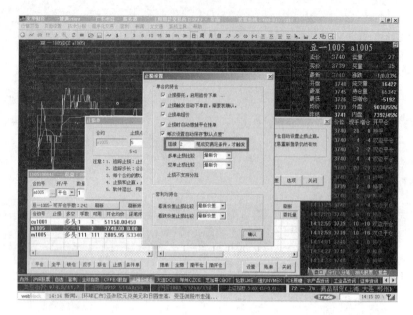

图 4 - 113

（十八）如何使用条件单

Mytrader2009 具有提供价格条件单和时间条件单的功能，根据客户预先设定的价格或者时间，自动发出开仓、平仓委托指令。让您在行情快速变化时，抓住稍闪即逝的投资机会。

■ 方法：在一键通交易系统中点击"条件单"→调出条件单→设置好条件和价格→点击"确定"即可。如图 4 - 114：

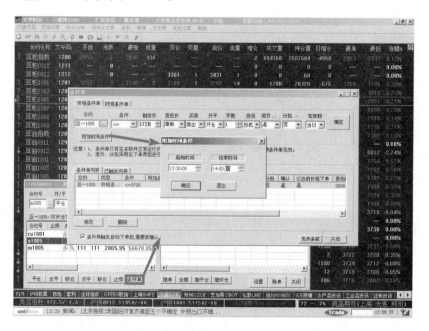

图 4 - 114

注意：Webstock2008 中只能实现价格条件单，无法实现时间条件单。

因为国内的交易所目前还不支持"止损单"、"止赢单"等交易指令，所以客户还不能用文华财经系统的这个功能来实现真正的"止损单"、"止赢单"，能否成交还取决于当时买卖对方的价格和数量。文华财经的"价格触发自动下单"只能让您第一时间把委托指令送到交易所，只能算"准止损单"、"准止赢单"。

（十九）如何对条件单设置止损

■ 方法：在一键通交易系统中点击"设置"→在"止损"中将"开仓自动止损止盈"勾选→设置完毕后点击一键通交易界面的"条件单"按钮→在条件单设置栏中即可看到止损设置项→将条件单下单条件和止损设置好后点击确定即可。如图 4－115：

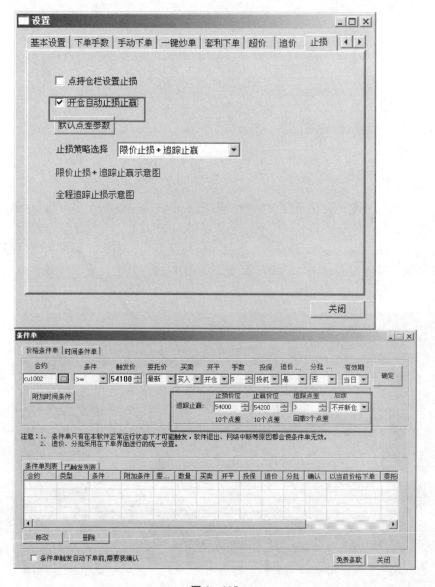

图 4－115

（二十）如何对设置好的条件单进行修改

■ 方法：对已经设置好的条件单进行修改，可以选中"条件单列表"中需要修改的条件单→点击"修改"调出条件单修改对话框→对需要修改的条件修改→点击"确认"即可。如图4-116。

画线条件单的修改与条件单修改操作相同。

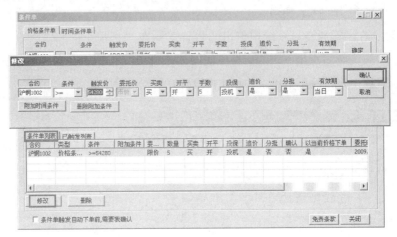

图4-116

（二十一）如何使用画线条件单

在一条画线上设置交易条件后，当价格满足条件即可触发下单，目前可以在趋势线、平行线、黄金率、大势线、反弹线上"埋单"。

■ 方法：在图表上进行画线后→将鼠标移到线上点击右键，即可调出画线条件单→设置好相关条件后，点击"确定"即可。如图4-117。已设置画线条件单的画线会变粗提示。

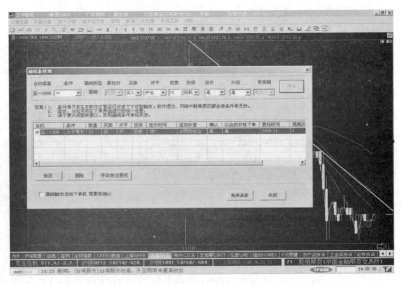

图4-117

（二十二）如何实现快速全平

一键通中提供"全平"功能，一键平掉所有持仓。

■ 方法：点击一键通下单系统中的"全平"按钮，即可平掉所有持仓。

可以通过点击一键通交易软件中的"设置"→在"手动下单"项中将"全平下单的确认"选中。如图 4－118。全平操作时系统会发出警告，确认后才进行全平操作，以免错误操作带来不必要的损失。

图 4－118

（二十三）如何进行锁仓操作

当行情方向不明朗的时候，可以对持仓进行锁仓，保证即有利润。

■ 方法：鼠标单击选择持仓中需要锁仓的合约→点击"锁仓"按钮→调出"锁仓"提示框点击"确认"后，系统会相反方向、相同手数开仓，实现锁仓。如图 4－119：

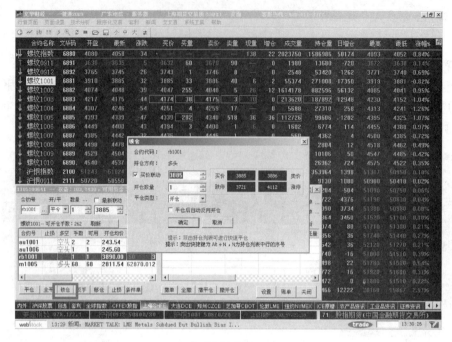

图 4 - 119

（二十四）如何实现快速反手

■ 方法：鼠标单击选择持仓中需要反手的合约→点击"反手"按钮即可。

可以通过点击一键通交易软件中的"设置"→在"手动下单"项中将"反手确认"选中，以免错误操作带来不必要的损失。如图 4 - 120：

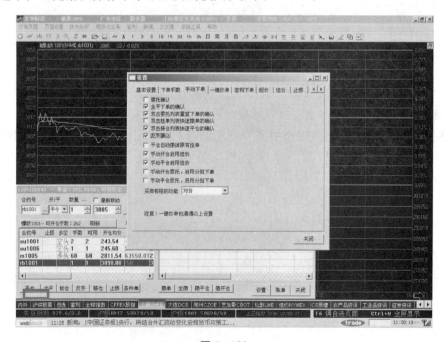

图 4 - 120

（二十五）如何进行移仓

一键通下单系统中提供非常方便的"移仓"功能。

■ 方法：鼠标单击选择持仓中需要移仓的合约→点击"移仓"按钮调出移仓对话框→选择合约后"确定"即可将现有持仓平仓，并且按照相同方向和手数对选择的合约开仓，实现移仓。如图 4 - 121：

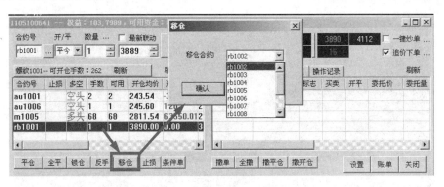

图 4 - 121

（二十六）如何实现平仓自动撤掉原有挂单

在平仓的时候，如果之前有过挂单，就必须要先执行撤单操作，然后再执行平仓的操作。如果将图 4 - 122 中的选项勾选，在双击持仓平仓的时候，系统会自动撤掉原有的挂单，再发出平仓委托。

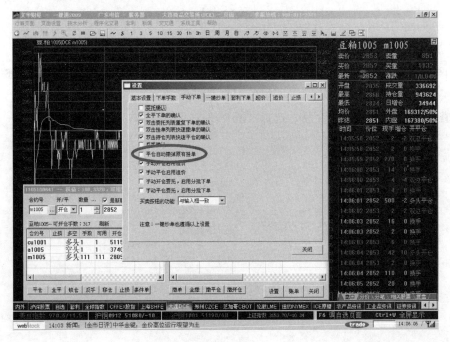

图 4 - 122

（二十七）如何解决平仓时提示锁仓的问题

在一键通交易系统中如果同一合约有方向相反的持仓，系统会自动按锁仓处理，此时平仓会出现"有锁仓单，是否要解锁"的提示，如果确认需要平仓，点击"是"即可平仓。如图4－123：

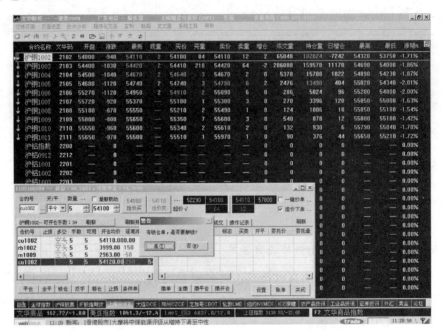

图4－123

（二十八）如何了解下单成交过程

下单的成交过程对交易十分重要，Mytrader2009 中提供"算法交易过程监控"功能，实时了解下单后的情况。

■ 方法：点击程序化交易，选择"算法交易过程监控"即可。如图4－124：

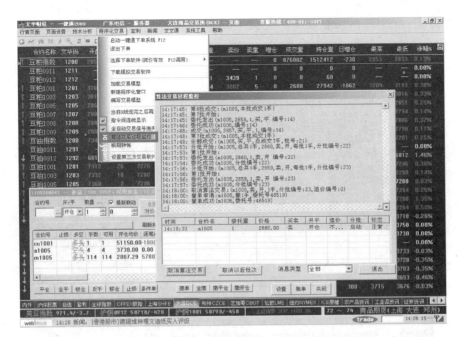

图 4 - 124

(二十九) 如何查看委托信息

　　一键通交易系统采用独创的两栏式结构，在一键通交易系统中点击"挂单"、"已撤"、"委托"、"成交"等选项，即可查询相关的信息。如图 4 - 125：

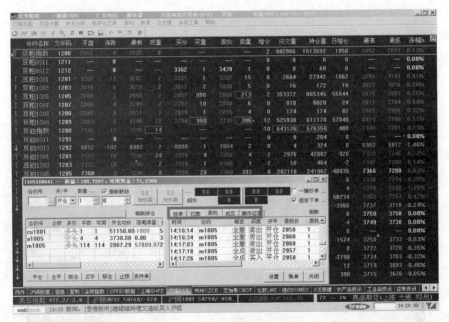

图 4 - 125

(三十) 如何查看账户信息

　　一键通交易系统中提供查询账户信息的功能，可查询账户当日资金变动情况。

■方法：点击一键通交易系统右下角的"账单"→选择"资金"即可。如图4－126：

图4－126

（三十一）如何查看账单

一键通交易系统中提供查询账单功能，可查询当日和历史成交数据。

■方法：点击一键通交易系统右下角的"账单"→选择"成交"→设定查询起始时间和结束时间后→点击"查询"即可。如图4－127：

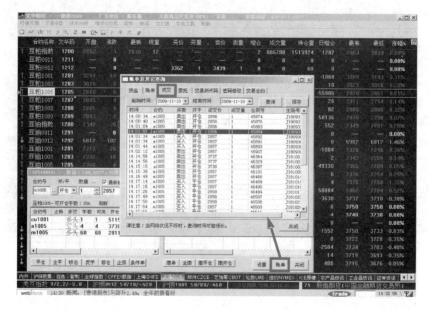

图4－127

（三十二）如何让交易窗口和图表窗口联动

Mytrader2009 实现交易软件和行情系统的无缝对接，行情窗口和交易窗口实现联动，方便分析和交易。

■ 方法：在一键通交易系统中点击"设置"→选择基本设置→将"切换交易窗口合约影响图表窗口合约" "切换图表窗口合约影响交易窗口合约"勾选即可。如图 4－128：

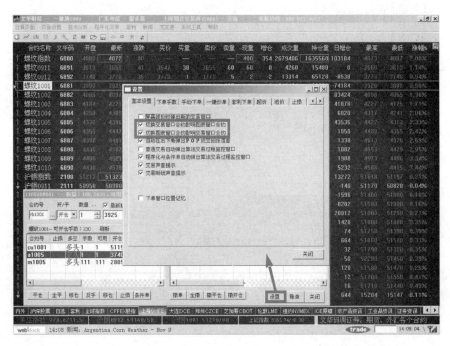

图 4－128

（三十三）如何用鼠标进行屏幕扫单

■ 方法：将一键通交易界面右上角的"一键下单"勾选→直接在一键通交易系统中点击"买价" "卖价" "涨停价" "跌停价" "买量" "卖量"即可下单。如图 4－129：

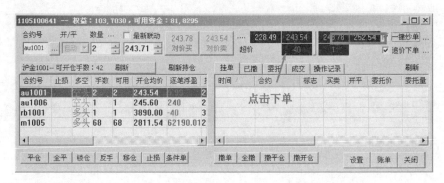

图 4－129

　　鼠标屏幕扫单提供两种交易策略，点击一键通交易界面中的"设置"→选择"一键炒单"→将"鼠标扫单"勾选→点击"老鼠搬山""主力控盘"即可选择不同策略。如图4-130。也可点击下拉框进行设置。

　　扫买（卖）量：点击买（卖）量下单，下单手数为当时买（卖）一的挂单手数。

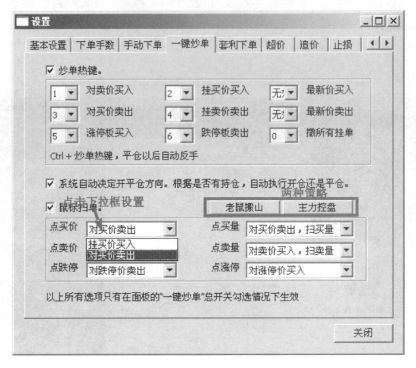

图4-130

（三十四）　如何用键盘进行一键下单

　　■ 方法：将一键通交易界面右上角的"一键炒单"勾选，按下键盘上的数字键即可下单。如图4-131：

图4-131

　　键盘一键下单提供个性化的下单热键设置，可以根据习惯设置下单热键。

　　■ 方法：点击一键通交易界面中的"设置"选择"一键炒单"→ 将"炒单热键"

勾选→设置下单热键即可。如图4-132：

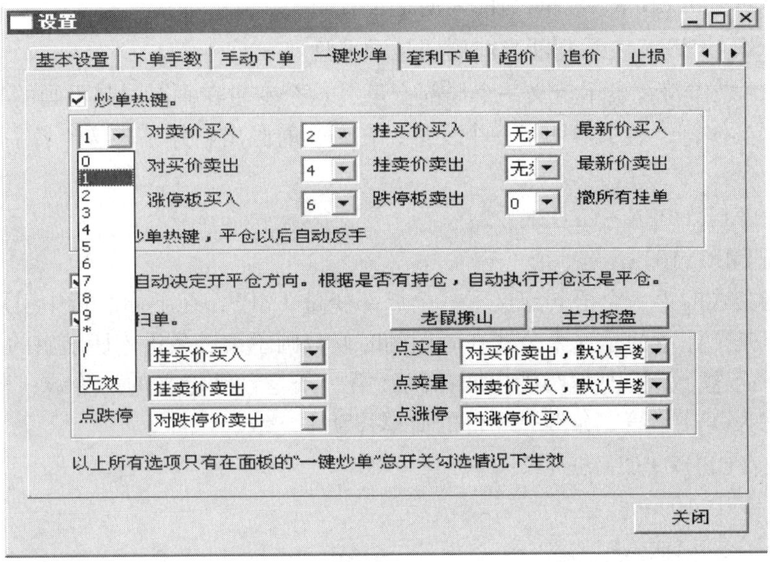

图4-132

三、高级使用技巧：程序化交易及自编指标

（一）语法与函数

1. 自编公式支持的操作符

（1）＋操作符，表示"加法运算"。

（2）－操作符，表示"减法运算"。

（3）＊操作符，表示"乘法运算"。

（4）／操作符，表示"除法运算"。

例如：

CLOSE+OPEN 表示求收盘价及开盘价的和。

CLOSE-OPEN 表示求收盘价及开盘价的差。

CLOSE＊OPEN 表示求收盘价及开盘价的积。

CLOSE/OPEN 表示求收盘价及开盘价的商。

（5）&&（AND）操作符，表示"与运算"。

（6）｜｜（OR）操作符，表示"或运算"。

（7）＞操作符，表示"大于运算"。

（8）＜操作符，表示"小于运算"。

（9）＞＝操作符，表示"大于等于运算"。

（10）＜＝操作符，表示"小于等于运算"。

（11）＜＞操作符，表示"不等于运算"。

（12）＝操作符，表示"等于操作运算"。

例如：

CLOSE > OPEN 表示判断当前周期是否收阳。

CLOSE = OPEN 表示判断当前周期是否平盘。

（13）：= 操作符，表示定义一个局部变量（这个变量在画图时是不画的）。

（14）：操作符，表示声明了一个变量，在画图时画出它并且按这个名字显示。

例如：

TMP1：=（OPEN + CLOSE）/2;

MA（TMP1,10）;

上面的公式的第一个语句定义了一个局部变量 TMP1，在下面一行中引用了这个局部变量，但是要注意的是这个公式在画图的时候只画了第二条语句所求出的结果。

相反下面这个公式则需要画出两条线，第一条是自己定义的均价线，同时显示了均价的名称为 AVP，第二条线是均价的简单移动平均线。

AVP：（OPEN + CLOSE）/2;

MA（AVP,10）;

2. 自编公式语法

（1）关于公式名称。公式的名称不可以和已经存在的公式重复。

（2）关于参数。每个自编公式最多可以定义四个参数，参数的定义如下,：首先是参数名称，然后是参数的最小值、最大值，最后是参数的默认值。在定义参数时要注意的是参数名称不可以重复。

（3）关于变量名称。变量名称不可以互相重复，不可以和参数名重复，不可以和函数名称重复。

（4）关于公式内容。公式的每个语句应该以分号结束，包括最后一条语句。在输入公式的时候请您注意一定要使用半角输入。在编写公式的过程中，如果您不记得某个函数的确切写法，可以选择插入函数来插入函数。

（5）如果您在编写公式之后，想给这个公式加上注释、说明之类的东西，可以使用公式说明来输入。

（6）：IF ELSE 语句（Mytrader2009 和 Myadvisor（赢智）支持），使用实例如下：

MA5：= MA（CLOSE,5）;

MA10：= MA（CLOSE,10）;

MA30：= MA（CLOSE,30）;

IF（MA5 > MA10）

MA5,COLORRED;

ELSE

{

IF（MA10 > MA30）

MA10,COLORMAGENTA;

ELSE

MA30,COLORGREEN;

}

以上内容表达 MA5、MA10、MA30 三者中最大的数值。

3. 自编公式支持的函数

（1）引用数据（见表 4-8）

表 4-8

AVPRICE	引用均价（在盘后对于国内三个期货交易所指结算价）。
SETTLE	引用结算价（只有在日线周期盘后才能引用当日的结算价）。
CLOSE	引用收盘价（在盘中指最新价），也可简写为 C。
HIGH	引用最高价，也可简写为 H。
LOW	引用最低价，也可简写为 L。
OPEN	引用开盘价，也可简写为 O。
OPI	引用持仓量。
REF(X,N)	引用 X 在 N 个周期前的值。 例 REF(CLOSE,5);表示引用当前周期前第 5 个周期的收盘价。
REFX(X,N)	引用 N 个周期后的数据(N 为大于等于 1 的整数)。 例 REFX(CLOSE,5);表示引用自当前周期后第 5 个周期的收盘价。
VOL	引用成交量，也可简写为 V。
GETPRICE(N)	根据文华码取出某一品种的最新价。 例 GETPRICE(1209);表示返回文华码为 1209 的合约品种的最新价。
PARAM [参数名称,最小值, 最大值,缺省值]	在源码中定义参数。 例 PARAM[N,1,100,12] MAN:MA(CLOSE,N); 表示参数为 N,最小值为 1,最大值为 100,缺省值为 12。

# IMPORT [CODE, PERIOD, FORMULA] AS VAR [Mytrader2009 和 Myadvisor（赢智）支持]	#IMPORT[CODE,PERIOD,FORMULA] 	
	AS VAR; CODE 文华码 PERIOD 周期 FORMULA 引用模型名 VAR 定义变量名
	例
	#IMPORT [1205,MIN5,TEST] AS M1005
	意思是引用[豆粕 1005] 五分钟图上指标[TEST.FML] 的数据
	使用的方法:
	如当前存在一个指标 TEST.FML
	//TEST.FML
	CL:=CLOSE;
	OP:=OPEN;
	想在新建的指标 TEST1 中引用[豆粕 1005] 五分钟周期上指标[TEST.FML] 的数据
	可以如下编写 TEST1 指标
	//TEST1.FML
	#IMPORT [1205,MIN5,TEST] AS VARTEST
	DD:VARTEST.CL;
	DF:VARTEST.OP;
	引用的约束
	1. 只能引用 .FML 文件。
	2. 只能引用如下周期 MIN1、MIN3、MIN5、MIN10、MIN15、MIN30、HOUR1、HOUR3、HOUR8、DAY、WEEK、MONTH。
	3. 只能短周期引用长周期,比如不能日线周期上加载引用了分钟数据的指标。
	4. 被引用的指标中不能存在引用。

（2）金融统计（见表4-9）

表4-9

BACKSET(X,N)	若 X 条件成立,则将当前位置到 N 周期前的数值设为1。 例 BACKSET(CLOSE>OPEN,3);表示当 K 线收阳时,自当前位置到 3 周期前的数值设为1。
BARSLAST(X)	求上一次条件成立到当前的周期数。
COUNT(X,N)	表示统计在 N 周期内满足 X 条件的周期数。如果 N 为 0 则表示从已申请到的数据的第一天开始算起。 例 WR: = -100 * (HHV(HIGH,N) - CLOSE)/(HHV(HIGH,N) - LLV(LOW,N));COUNT(WR>80,5);表示统计在 5 个周期内满足 WR>80 的次数。
DMA(X,A)	返回 X 的动态移动平均,其中 A 为常数,并且必须介于0及1之间。 计算方法:DMA(N) = DMA(N-1) * (1-A) + X(N) * A 其中 DMA(N-1) 为第(N-1)天的 DMA 值。
EMA(X,N)	表示求 X 在 N 周期内的平滑移动平均(指数加权)。 计算方法:EMA(X,N) = [2 * X + (N-1) * EMA(X,(N-1))]/(N+1),其中 EMA(X,(N-1)) 为第(N-1)天的 EMA 值。
EMA2(X,N)	表示求 X 在 N 周期内的加权平均(线性加权)。 计算方法:EMA2(X,N) = (N * X0 + (N-1) * X1 + (N-2) * X2 + ... + 1 * XN)/(N + (N-1) + (N-2) + ... + 1),X0 表示本周期值,X1 表示上一周期值……
HHV(X,N)	得到 X 在 N 周期内的最高值,如果 N=0,则从本地数据的第一个有效周期开始算起。 例 HHV(HIGH,13);求 13 个周期内的最高价的最大值。
HHVBARS(X,N)	得到 X 在 N 周期内的最高值位置到当前的周期数。如果 N=0,则从本地数据的第一个有效周期开始算起。 例 HHVBARS(VOL,0);求历史成交量最大的周期到当前的周期数。
LLV(X,N)	得到 X 在 N 周期内的最小值,如果 N=0,则从本地数据的第一个有效周期开始算起。 例 LLV(LOW,25);表示求 25 个周期内最低价的最小值。
LLVBARS(X,N)	得到 X 在 N 周期内的最小值的位置到当前的周期数。如果 N=0 则从本地数据的第一个有效周期开始算起。 例 LLVBARS(VOL,0);求历史成交量最小的周期到当前的周期数。
MA(X,N)	求 X 在 N 周期内的简单移动平均。 计算方法:MA = (A1 + A2 + A3 + A4 + A5)/5,求 A 在 5 个周期内的简单移动平均。
ZIGZAG(X,P,N)	之字转向,当 X 变化量超过 P 时转向,当 N 取 1,P 为百分比数;当 N 取 0,P 为价位差值绝对值。 例 ZIGZAG(HIGH,10,1);表示最高价的 10% 的之字转向 ZIGZAG(MA(HIGH,34),100,0);表示 34 个周期内最高价均线的 100 个价位的之字转向
PEAK(X,P,M,N)	取得 ZIGZAG 前 M 个波峰的值。其中 X 为数据,P 为转折值(如果 N 为 1,这个值为百分比数,否则为价位差值绝对值),M 为大于等于 1 的整数。 例 PEAK(HIGH,10,1,1);表示最高价的 10% 的之字转向的上一个波峰的数值。 PEAK(MA(HIGH,34),100,1,0);表示 34 个周期内最高价均线的 100 个价位的之字转向的上一个波峰的数值。

表4-9(续)

PEAKBARS (X, P,M,N)	取得 ZIGZAG 前 M 个波峰到当前周期的周期数。其中 X 为数据,P 为转折值(如果 N 为 1,这个值为百分比数,否则为价位差值绝对值),M 为大于等于 1 的整数。 例　PEAKBARS(HIGH,10,1,1);表示最高价的 10% 的之字转向的上一个波峰到当前的周期数。 PEAKBARS(MA(HIGH,34),100,1,0);表示 34 个周期内最高价均线的 100 个价位的之字转向的上一个波峰到当前的周期数。
TROUGH (X, P, M,N)	取得 ZIGZAG 前 M 个波谷的值。其中 X 为数据,P 为转折值(如果 N 为 1,这个值为百分比数,否则为价位差值绝对值),M 为大于等于 1 的整数。 例　TROUGH(LOW,10,1,1);表示最低价的 10% 的之字转向的上一个波谷的数值。 TROUGH (MA(LOW,34),100,1,0);表示 34 个周期内最低价均线的 100 个价位的之字转向的上一个波谷的数值。
TROUGHBARS (X,P,M,N)	取得 ZIGZAG 前 M 个波谷到当前周期的周期数。其中 X 为数据,P 为转折值(如果 N 为 1,这个值为百分比数,否则为价位差值绝对值),M 为大于等于 1 的整数。 TROUGH(LOW,10,1,1);表示最低价的 10% 的之字转向的上一个波谷到当前的周期数。 TROUGH (MA(LOW,34),100,1,0);表示 34 个周期内最低价均线的 100 个价位的之字转向的上一个波谷到当前的周期数。
SAR (N, Step, Max)	得到抛物转向值。N 为计算周期,Step 为步长,Max 为极值(系统函数,计算步骤后台自动完成)。 例　SAR(17,0.03,0.3);表示计算 17 个周期抛物转向,步长为 3%,极限值为 30%。
SMA(X,N,M)	得到 X 在 N 个周期内的移动平均,M 为权重(M 为常数)。 计算方法:SMA(N) = SMA(N-1)*(N-M)/N + X(N)*M/N。
SUM(X,N)	得到 X 在 N 周期内的总和,如果 N=0,则从第一个有效周期开始算起。 例　SUM(VOL,10);表示统计 10 周期内的成交量总和。
SUMBARS(X,A)	得到 X 向前累加直到大于 A 时的周期数。
TRMA(X,N)	求 X 在 N 周期内的三角移动平均。
TSMA(X,N)	求 X 在 N 周期内的时间序列移动平均。 计算方法:TSMA(X,N) = FOCAST(X,N) + SLOPE(X,N)。

(3) 数理统计(见表4-10)

表4-10

AVEDEV(X,N)	求 X 在 N 周期内的平均绝对偏差。
DEVSQ(X,N)	数据偏差平方和。
FORCAST (X, N)	得到 X 的 N 周期线性回归预测值。 例　FORCAST(CLOSE,5);表示求 5 周期线性回归预测
SLOPE(X,N)	得到 X 在 N 周期内的线性回归的斜率。 例　SLOPE(CLOSE,5);表示求 5 周期线性回归线的斜率。
STD(X,N)	得到 X 在 N 周期内的标准差。
STDP(X,N)	得到 X 在 N 周期内的总体标准差。

表4-10(续)

VAR(X,N)	得到 X 在 N 周期内的样本方差。
VARP(X,N)	得到 X 在 N 周期内的总体样本方差。
数理统计举例说明	设一个数列,数列中数据的总个数为 N,以 2005 年 10 月 14 日的五天内的 A0605 收盘价为例,N 就为 5。数列的内容为{2766,2805,2814,2886,2885}。 1. 算术平均值 MA(CLOSE,5):数据总和除以总个数 N。(2766 + 2805 + 2814 + 2886 + 2885)/5 = 2831.20。可以用公式 MA(CLOSE,5),从今天的值上看出。 2. 偏差:每个数据减去算术平均值的结果。2766 - 2831.20 = - 65.2,2805 - 2831.20 = - 26.2,2814 - 2831.20 = - 17.2,2886 - 2831.20 = 54.8,2885 - 2831.20 = 53.8,各偏差相加,应该是等于 0 的。 3. 平均绝对偏差 AVEDEV(X,N):将偏差的绝对值相加,除以总个数 N。(65.2 + 26.2 + 17.2 + 54.8 + 53.8)/5 = 43.44。 4. 数据偏差平方和 DEVSQ(X,N):将偏差的平方相加。$(-65.2)^2 + (-26.2)^2 + (-17.2)^2 + (54.8)^2 + (53.8)^2 = 11130.80$。 5. 总体样本方差 VARP(X,N):将偏差的平方相加,总和除以总个数 N。$(-65.2)^2 + (-26.2)^2 + (-17.2)^2 + (54.8)^2 + (53.8)^2/5 = 2226.16$。 6. 样本方差 VAR(X,N):总体方差的 N/(N - 1) 倍。2226.16 * 5/(5 - 1) = 2782.70。估算样本方差总比总体样本方差大一点,当 N 够大时,两者趋于相等。 7. 总体标准差 STDP(X,N):方差的开方。$[(-65.2)^2 + (-26.2)^2 + (-17.2)^2 + (54.8)^2 + (53.8)^2/5]^{1/2} = 47.18$。 8. 标准差 STD(X,N):估算样本方差的开方。$[2226.16 * 5/(5 - 1)]^{1/2} = 52.75$。同样,估算标准差也比总体标准差大一点,当 N 够大时,两者趋于相等。

(4)逻辑判断(见表4-11)

表4-11

BETWEEN(A,B,C)	判断条件"A 位于 B 及 C 之间"是否成立,如果条件成立则返回 1(yes),否则返回 0(no)。 例 BETWEEN(CLOSE,MA5,MA40);表示收盘价介于 5 日均线与 40 日均线之间。
CROSS(X,Y)	表示 X 上穿 Y。 例 CROSS(CLOSE,MA(CLOSE,5));表示收盘线从下方向上穿过 5 日均线
EXIST(COND,N)	判断 N 个周期内是否有满足条件 COND 的情况发生。 例 EXIST(CLOSE > REF(HIGH,1),10);表示 10 个周期中是否存在收盘价大于前一个周期的最高价。
EVERY(COND,N)	判断过去 N 个周期内是否一直满足条件 COND。 例 EVERY(CLOSE > OPEN,5);表示 5 个周期内一直是阳线。
LAST(COND,N1,N2)	判断过去 N1~N2 周期内是否一直满足条件 COND。 例 LAST(CLOSE > OPEN,10,5);表示从过去第 10 个周期到第 5 个周期内一直是阳线。
LONGCROSS(A,B,N)	如果 A 在前 N 个周期内都小于 B,本周期上穿 B,则返回 1,否则返回 0。 例 LONGCROSS(CLOSE,MA(CLOSE,10),20);表示收盘线在 10 日均线之下持续 20 周期后从下向上穿过 10 日均线。

NOFILTER	交易模型买卖指令信号过滤函数(仅适用于交易模型的过滤)。 交易模型公式后加"NOFILTER;"是指不需要过滤,出现任何交易指令都会执行。 公式后不加"NOFILTER;"是指当连续出现同方向的交易指令时,系统只显示出第一个交易指令,其他交易指令自动被过滤。
IF(C,A,B)	如果条件 C 成立则返回 A 值,否则返回 B 值。 例　IF(CLOSE > REF(CLOSE,1),1,0);表示若今日收盘价高于前一日收盘价,则返回1,否则返回0。
ISDOWN	判断该周期是否收阴。
ISEQUAL	判断该周期是否平盘。
ISUP	判断该周期是否收阳。
ISLASTBAR	判断当前周期是否为最后一根 K 线。
VALUEWHEN(COND,DATA)	当条件 COND 满足时,取当时的 DATA 的值,否则取得前面一个满足条件 COND 的值。 例　VALUEWHEN(HIGH > REF(HIGH,5),HIGH);表示当前最高价大于前五个周期最高价的最大值时返回当前最高价。

(5)数学运算(见表4－12)

表4－12

ABS(X)	求 X 的绝对值。 例　ABS(SAR(17,0.03,0.3));返回抛物转向 SAR(17,0.03,0.3)的绝对值。
ACOS(X)	求 X 的反余弦值。
ASIN(X)	求 X 的反正弦值。
ATAN(X)	求 X 的反正切值。
COS(X)	返回 X 的余弦值。
EXP(X)	返回 e 的 X 次幂。
CEILING(X)	向上舍入,返回沿 X 数值增大方向最接近的整数。
FLOOR(X)	向下舍入,返回沿 X 数值减小方向最接近的整数。
INTPART(X)	取 X 的整数部分,返回沿 X 绝对值减小方向最接近的整数。
LN(X)	得到 X 的自然对数,以 e 为底的对数。 例　LN(OPEN);求开盘价的自然对数。
LOG(X)	得到 X 的常用对数,取得 X 的以 10 为底的对数。 例　LOG(OPEN);求开盘价的以 10 为底的对数。
MAX(A,B)	求 A,B 中的较大者。 例　MAX(CLOSE－OPEN,0);表示若收盘价大于开盘价返回它们的差值,否则返回0。
MIN(A,B)	求 A,B 中的较小者。 例　MIN(OPEN,CLOSE);返回开盘价和收盘价中的较小值。
MOD(A,B)	返回 A 对 B 得到模。 例　MOD(CLOSE,500);收盘价除以 500 所得余数。
NOT(X)	当 X 为 0 时返回 1,否则返回 0。 例　NOT(TIME＝090530);表示该周期对应的时间不是 9:05:30AM。

POW(A,B)	得到 A 的 B 次幂。 例　POW(CLOSE,2);求得收盘价的 2 次方。
REVERSE(X)	取反,返回符号相反的数值。 例　REVERSE(LOW);返回 －LOW。
SGN(X)	得到 X 的符号,如果 X>0 则返回 1,如果 X<0 则返回 －1,否则返回 0。
SIN(X)	得到 X 的正弦值。
SQRT(X)	得到 X 的平方根。 例　SQRT(CLOSE);收盘价的平方根。
SQUARE(X)	得到 X 的平方。 例　SQUARE(CLOSE);收盘价的平方。
TAN(X)	得到 X 的正切值。

(6)时间函数(见表4－13)

表4－13

BARPOS	取得当前 K 线的位置。
DATE	取得当前周期的日数(700101～341231)。
DAY	取得当前周期的日数(1～31)。
HOUR	取得当前周期的小时数(0～23)。
MINUTE	取得当前周期的分钟数(0～59)。
MONTH	取得当前周期的月数(1～12)。
TIME	取得当前周期的时间数(0～2359),秒级周期返回值范围为:0～235959。
WEEKDAY	取得当前周期的星期数(0～6)。
YEAR	取得当前周期的年数(1970～2034)。

(7)绘图(见表4－14)

表4－14

DRAWLINE(C1,P1,C2,P2,COLOR)	当条件 C1 及 C2 均满足时,从 P1 画直线到 P2,颜色为 COLOR。 例　DRAWLINE(MA18< CLOSE,OPEN,MA5 >CLOSE,CLOSE,COLORCYAN);表示当收盘价大于 18 日均线并且小于 5 日均线时,从开盘价画青色直线到收盘价。
DRAWTEXT(C,P,TEXT)	表示当条件 C 满足时,在 P 上写 TEXT 文字。 例　DRAWTEXT(CLOSE < OPEN&&REF(CLOSE,1)< REF(OPEN,1)&&REF(VOL,1)＊1.1< VOL,LOW,'注');表示连续两日收阴并且成交量比前一日至少多 10% 时,在最低价上写"注"字。
DRAWSL(COND,DATA,SLOPE,LEN,EXPAND,COLOR)	画斜线,当条件 COND 满足时,从 DATA 开始以每个周期相差 SLOPE 个点的斜率画斜线,画线长度为 LEN 个周期,EXPAND 为线段的延长方式(0:不延伸;1:向左延伸;2:向右延伸;3:双向延伸)。 例　DRAWSL(LOW = LLV(LOW,50),LOW,5,3,2,COLORRED);表示当前最低价等于 50 周期内的最小值时,从当前最小值开始以每隔 5 个点的斜率画长度为 3 个周期向右延伸的斜线,颜色为红色。

表4－14(续)

DRAWNUMBER (COND, DATA, NUMBER, PRECISION, COLOR)	画数字。当条件 COND 满足时,在 DATA 位置写数字 NUMBER(为数组),精度为 PRECISION(小数点后有几位数字)。 例 DRAWNUMBER(CLOSE/OPEN > 1.08,HIGH,(CLOSE - OPEN)/OPEN * 100,2,COLORRED); 表示当日涨幅大于8%时在最高价位置显示涨幅(相对开盘价的百分比)。
FILLRGN (COND, DATA1, DATA2, COLOR)	填充区域,当条件 COND 满足时,填充 DATA1 及 DATA2 包围的区域。 例 FILLRGN(MA5 > MA10,MA5,MA10,COLORRED); 表示 MA5 > MA10 时以红色填充 MA5 和 MA10 之间的区域。
POLYLINE (COND, DATA, COLOR)	画折线,当条件 COND 满足时,连接各个 DATA 点。 例 POLYLINE(CLOSE > = HHV(CLOSE,100),CLOSE,COLORRED); 表示在收盘价创 100 天新高点之间画折线。
PARTLINE (COND, DATA, COLOR)	同 POLYLINE。 例 PARTLINE(HIGH > REF(HIGH,1),HIGH,COLORRED); 表示当期最高价大于前期最高价,用红色绘制最高价连线线段。
STICKLINE (C, P1, P2, Color, Empty)	如果条件 C 满足时,从 P1 到 P2 画柱线,颜色为 Color,如果 Empty 取1,则为空心柱;如果 Empty 取0,则为实心柱。 例 STICKLINE(OPEN - CLOSE > 0,OPEN,CLOSE,COLORCYAN,0); 表示当开盘价大于收盘价时,从开盘价到收盘价画青色的实心柱,即 K 线阴线的实体部分。
VERTLINE (COND, COLOR)	画垂直线,当条件 COND 满足时,画垂直线。 例 VERTLINE(HIGH > = HHV(HIGH,30),COLORRED); 表示在价格创 30 天新高时画垂直线。
RGB(R,G,B)	自定义颜色函数。 R,G,B 的数值范围都在 0～255 之间,例:RGB(225,225,225)表示白色。
COLORSTICK	画彩色柱线。
VOLUMESTICK	画成交量线。
BAMBOOLINE	画竹线。
CIRCLEDOT	画圆。
OPISTICK	画持仓量柱线。

(8)颜色常数(见表4－15)

表4－15

COLORRED	红色
COLORGREEN	绿色
COLORBLUE	蓝色
COLORMAGENTA	红紫色
COLORYELLOW	黄色
COLORLIGHTGREY	浅灰色
COLORLIGHTRED	浅红色
COLORLIGHTGREEN	浅绿色

表4－15(续)

COLORLIGHTBLUE	浅蓝色
COLORBLACK	黑色
COLORWHITE	白色
COLORCYAN	青色

（9）level－2 函数（只有赢智版本支持,见表4－16）

表4－16

L2_BPTIMES	周期内多头平仓次数。 用法:L2_BPTIMES 返回多头平仓次数。
L2_BKTIMES	周期内多头开仓次数。 用法:L2_BKTIMES 返回多头开仓次数。
L2_BPTIMES	周期内空头平仓次数。 用法:L2_BPTIMES 返回空头平仓次数。
L2_SKTIMES	周期内空头开仓次数。 用法:L2_SKTIMES 返回空头开仓次数。
L2_ASKACCOUNT	周期内卖主动次数。 用法:L2_ASKACCOUNT 返回卖主动次数。
L2_BIDACCOUNT	周期内买主动次数。 用法:L2_BIDACCOUNT 返回买主动次数。
L2_BIDAVVOL	周期内平均总买量。 用法:L2_BIDAVVOL 返回平均总买量。
L2_ASKAVVOL	周期内平均总卖量。 用法:L2_ASKAVVOL 返回平均总卖量。
L2_ASKAVPRICE	周期内卖盘加全平均价。 用法:L2_ASKAVPRICE 返回卖盘加全平均价。
L2_BIDAVPRICE	周期内买盘加全平均价。 用法:L2_BIDAVPRICE 返回买盘加全平均价。
L2_ASKBIGTURNOVER	周期内空头大单成交额。 用法:L2_ASKBIGTURNOVER 返回空头大单成交额。
L2_BIDBIGTURNOVER	周期内多头大单成交额。 用法:L2_BIDBIGTURNOVER 返回多头大单成交额。
L2_ASKBIGCOUNT	周期内空头大单成交次数。 用法:L2_ASKBIGCOUNT 返回空头大单成交次数。
L2_BIDBIGCOUNT	周期内多头大单成交次数。 用法:L2_BIDBIGCOUNT 返回多头大单成交次数。
L2_TOTALTURNOVER	周期内总成交额。 用法:L2_TOTALTURNOVER 返回总成交额。
L2_ASKBIGENTRASTCOUNT	周期内卖1委托明细大量次数。 用法:L2_ASKBIGENTRASTCOUNT 返回卖1委托明细大量次数。

表4-16(续)

L2_BIDBIGENTRASTCOUNT	周期内买 1 委托明细大量次数。 用法:L2_BIDBIGENTRASTCOUNT 返回买 1 委托明细大量次数。

L2_PERIOD_DATA(TEXT)	该周期最后时刻的买卖价格。
	用法:L2_PERIOD_DATA(TEXT)求内容为 TEXT 的该周期最后盘面数据。
	例　L2_PERIOD_DATA('bid1');//取得该周期最后盘面的买 1 数据
	TEXT 的内容可为:
	买 1-买 5 买 1 量-买 5 量 卖 1-卖 5 卖 1 量-卖 5 量
	'bid1''bid2''bid3''bid4''bid5''ask1''ask2''ask3''ask4''ask5'
	'bidvol1''bidvol2''bidvol3''bidvol4''bidvol5''askvol1''askvol2'
	'askvol3''askvol4''askvol5'

L2_TICK_DATA(TEXT)	取每笔买卖盘数据(只能用于 Tick 图,每笔 Tick 时间间隔请设置为 0)。
	用法:L2_TICK_DATA(TEXT)求内容为 TEXT 的盘面实时数据。
	例　L2_TICK_DATA('bid1');//取得盘面最后的买 1 数据
	TEXT 的内容可为:
	买 1-买 5 卖 1-卖 5 买 1 量-买 5 量 卖 1 量-卖 5 量
	'bid1''bid2''bid3''bid4''bid5''ask1''ask2''ask3''ask4''ask5'
	'bidvol1''bidvol2''bidvol3''bidvol4''bidvol5''askvol1''askvol2'
	'askvol3''askvol4''askvol5'
	总买 总卖 总买量 总卖量
	tbid,task,tbidvol,taskvol
	委买 1-委买 10 委卖 1-委卖 10
	buy_entrust1,buy_entrust2,buy_entrust3,buy_entrust4,buy_entrust5,
	buy_entrust6,buy_entrust7,buy_entrust8,buy_entrust9,buy_entrust10,
	sell_entrust1,sell_entrust2,sell_entrust3,sell_entrust4,sell_entrust5,
	sell_entrust6,sell_entrust7,sell_entrust8,sell_entrust9,sell_entrust10
	最新价 持仓量 主动买卖(返回意义 -1 没取到,0 主动买,1 主动卖,2 换手) 成交量
	newprice,opi,activity,deltavol

(10)头寸函数(连接文华服务器才能使用,见表4-17)

表4-17

TRD_ASSETS	取出交易系统中的权益。 用法:TRD_ASSETS 返回交易系统的权益。 注意:该函数只有登陆一键通下单系统才能使用。 效果测试不执行此函数。
TRD_CAPITAL	取出交易系统中的可用资金。 用法:TRD_CAPITAL 返回交易系统的可用资金。 注意:该函数只有登陆一键通下单系统才能使用。 效果测试不执行此函数。
TRD_LONGSPRICE	取出交易系统中的多头开仓均价。 用法:TRD_LONGSPRICE 返回交易系统的多头开仓均价。 注意:该函数只有登陆一键通下单系统才能使用。 效果测试不执行此函数。

TRD_SHORTSPRICE	取出交易系统中的空头开仓均价。 用法：TRD_SHORTSPRICE 返回交易系统的空头开仓均价。 注意：该函数只有登陆一键通下单系统才能使用。 效果测试不执行此函数。
TRD_LONGSOPI	取出交易系统中的多头持仓。 用法：TRD_LONGSOPI 返回交易系统的多头持仓。 注意：该函数只有登陆一键通下单系统才能使用。 效果测试不执行此函数。
TRD_SHORTSOPI	取出交易系统中的空头持仓。 用法：TRD_SHORTSOPI 返回交易系统的空头持仓。 注意：该函数只有登陆一键通下单系统才能使用。 效果测试不执行此函数。
TRD_LONGSOPIREMAIN	取出交易系统中的多头可平仓手数。 用法：TRD_LONGSOPIREMAIN 返回交易系统的多头可平仓手数。 注意：该函数只有登陆一键通下单系统才能使用。 效果测试不执行此函数。
TRD_SHORTSOPIREMAIN	取出交易系统中的空头可平仓手数。 用法：TRD_SHORTSOPIREMAIN 返回交易系统的空头可平仓手数。 注意：该函数只有登陆一键通下单系统才能使用。 效果测试不执行此函数。
TRD_LONGSEARN	取出交易系统中的多头浮动盈亏。 用法：TRD_LONGSEARN 返回交易系统的多头浮动盈亏。 注意：该函数只有登陆一键通下单系统才能使用。 效果测试不执行此函数。
TRD_SHORTSEARN	取出交易系统中的空头浮动盈亏。 用法：TRD_SHORTSEARN 返回交易系统的空头浮动盈亏。 注意：该函数只有登陆一键通下单系统才能使用。 效果测试不执行此函数。
TRD_LIMITUP	取出交易系统中的涨停价格。 用法：TRD_LIMITUP 返回交易系统的涨停价格。 注意：该函数只有登陆一键通下单系统才能使用。 效果测试不执行此函数。
TRD_LIMITDOWN	取出交易系统中的跌停价格。 用法：TRD_LIMITDOWN 返回交易系统的跌停价格。 注意：该函数只有登陆一键通下单系统才能使用。 效果测试不执行此函数。
SETDEALPERCENT （fPercent）	设置模型每次下单按资金的比例下单。 用法：SETDEALPERCENT(fPercent)表示每次按资金的 fPercent 下单。 例　SETDEALPERCENT(0.2)；//每次按资金比例的20%下单。 注：不可与 SETDEALVOL 函数同时使用。 交易系统必须启动。 效果测试不执行此函数。
SETDEALVOL(nVol)	设置模型每次下单按设置的手数下单。 用法：SETDEALVOL(nVol)表示每次模型下 nVol 手单。 例　SETDEALVOL(2)；//模型每次下单2手。 注：不可与 SETDEALPERCENT 函数同时使用。 交易系统必须启动。 效果测试不执行此函数。

（11）信号记录函数（连接文华服务器才能使用，见表 4 - 18）

表 4 - 18

BKPRICE	模型买开信号价位。 用法：BKPRICE 返回上一次模型买开仓价。
BARSBK	上一次买开信号位置。 用法：BARSBK 返回上一次买开仓距离当前 K 线的 K 线数。
SKPRICE	模型卖开信号价位。 用法：SKPRICE 返回上一次模型卖开仓价。
BARSSK	上一次卖开信号位置。 用法：BARSSK 返回上一次卖开仓距离当前 K 线的 K 线数。

4. 交易模型中的交易指令

（1）期货交易指令（见表 4 - 19）

表 4 - 19

	买开	公式中用 BK 表示
	买平	公式中用 BP 表示
	卖开	公式中用 SK 表示
	卖平	公式中用 SP 表示
	买平后买开新仓	公式中用 BPK 表示
	卖平后卖开新仓	公式中用 SPK 表示

（2）股票、权证、外汇交易指令（见表 4 - 20）

表 4 - 20

	买入	公式中用 BUY 表示
	卖出	公式中用 SELL 表示

（3）套利模型中的交易指令（见表 4 - 21）

表 4 - 21

	第一腿买开，第二腿卖开	公式中用 BKSK 表示
	第一腿卖开，第二腿买开	公式中用 SKBK 表示
	第一腿买平，第二腿卖平	公式中用 BPSP 表示
	第一腿卖平，第二腿买平	公式中用 SPBP 表示

5. 编程举例：

（1）MACD 公式

MACD 公式有三个参数：SHORT（短期）、LONG（长期）、M（天数，一般为 12、26、10）。

MACD 公式的用法：

①DIFF、DEA 均为正，DIFF 向上突破 DEA，买入信号。

②DIFF、DEA 均为负，DIFF 向下跌破 DEA，卖出信号。

③DEA 线与 K 线发生背离，行情反转信号。

④分析 MACD 柱状线，由红变绿（正变负），卖出信号；由绿变红，买入信号。

其中：

DIFF 线：收盘价短期、长期指数平滑移动平均线间的差。

DEA 线：DIFF 线的 M 日指数平滑移动平均线。

MACD 线：DIFF 线与 DEA 线的差，彩色柱状线。

按照上述原理，MACD 公式应该写成如下形式：

参数表：

参数名	最小值	最大值	默认值
SHORT	5	40	12
LONG	20	100	26
M	2	60	10

公式写成如下形式即可：

$DIFF := EMA(CLOSE, SHORT) - EMA(CLOSE, LONG);$

$DEA := MA(DIFF, M);$

$MACD: 2 * (DIFF - DEA);$

公式的第一行对应于①，公式的第二行对应于②，公式的第三行对应于③。

（2）KD 公式

算法：对每一交易日求 RSV（未成熟随机值）。

①$RSV = （收盘价 - 最近 N 日最低价）/（最近 N 日最高价 - 最近 N 日最低价）\times 100$。

②K 线：RSV 的 M1 日移动平均。

③D 线：K 值的 M2 日移动平均。

参数：N、M1、M2 为天数，一般取 9、3、3。

用法：

①$D > 70$，超买；$D < 30$，超卖。

②线 K 向上突破线 D，买进信号；线 K 向下跌破线 D，卖出信号。

③线 K 与线 D 的交叉发生在 70 以上，30 以下，才有效。

④KD 指标不适于发行量小，交易不活跃的股票。

⑤KD 指标对大盘和热门大盘股有极高准确性。

参照 KD 公式算法，KD 公式可以按照如下方式来编写：

参数表：

参数名称	最小值	最大值	缺省值
N	1	100	9
M1	2	40	3
M2	2	40	3

公式的内容如下：

$RSV := (CLOSE - LLV(CLOSE, N)) / (HHV(CLOSE, N) - LLV(CLOSE, N)) * 100。$

$K: SMA(RSV, M1, 1)。$

D:SMA(RSV,M2,1)。

（3）K 线

算法略。

公式如下：

TMP：= OPEN - CLOSE。

DRAWLINE(TMP > 0.00001,HIGH,TMP > 0.00001,OPEN,COLORCYAN)。

DRAWLINE(TMP > 0.00001,LOW,TMP > 0.00001,CLOSE,COLORCYAN)。

DRAWLINE(TMP < -0.00001,HIGH,TMP < -0.00001,CLOSE,COLORRED)。

DRAWLINE(TMP < -0.00001,LOW,TMP < -0.00001,OPEN,COLORRED)。

DRAWLINE(ABS(TMP) < 0.00001,LOW,ABS(TMP) < 0.00001,OPEN,COLORWHITE)。

DRAWLINE(ABS(TMP) < 0.00001,HIGH,ABS(TMP) < 0.00001,OPEN,COLORWHITE)。

STICKLINE(TMP > 0.00001,OPEN,CLOSE,COLORCYAN,0)。

STICKLINE(TMP < -0.00001,OPEN,CLOSE,COLORRED,1)。

公式说明：

第一行，当当前周期收阴时，从 HIGH 向 OPEN 画直线，颜色为 COLORCYAN。

第二行，当当前周期收阴时，从 LOW 向 CLOSE 画直线，颜色为 COLORCYAN。

第三行，当当前周期收阳时，从 HIGH 向 CLOSE 画直线，颜色为 COLORRED。

第四行，当当前周期收阳时，从 LOW 向 OPEN 画直线，颜色为 COLORRED。

第五行，当当前周期平盘时，从 LOW 向 OPEN 画直线，颜色为 COLORWHITE。

第六行，当当前周期平盘时，从 HIGH 向 OPEN 画直线，颜色为 COLORWHITE。

第七行，当当前周期收阴时，从 OPEN 向 CLOSE 画实心柱线，颜色为 COLORCYAN。

第八行，当当前周期收阳时，从 OPEN 向 CLOSE 画空心柱线，颜色为 COLORRED。

（二）如何编指标

在技术分析菜单中，选择"指标公式编辑器"，在弹出的"公式管理器"里新建。见图 4 - 133：

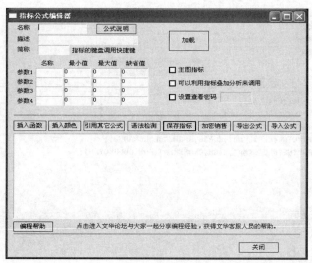

图 4 - 133

为方便用户自建公式，编辑器备有"插入函数"、"引用其他公式"和"测试公式"的功能。利用文华函数和语法编写指标，见图4-134：

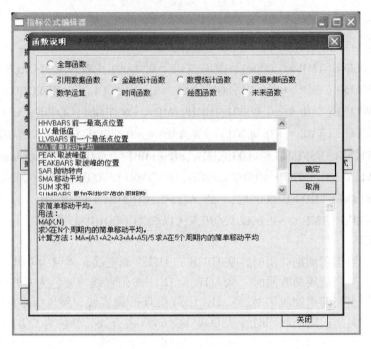

图4-134

编写完毕，语法检查测试成功后取名保存即可，见图4-135：

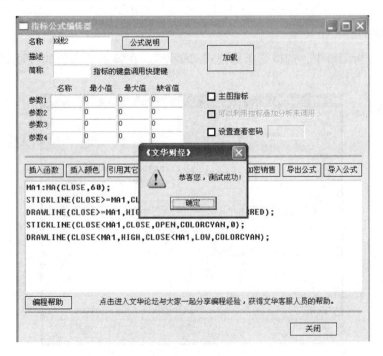

图4-135

(三) 什么是程序化交易

　　程序化交易是一种在计算机和网络技术的支持下，瞬间完成预先设置好的组合交易指令的一种交易手段。您可以将您的交易思路通过文华提供的函数、语法及编辑平台，编写成交易模型，实现自动开仓、自动止损、自动止赢。程序化交易在投资实战中不仅可以提高下单速度，而且可以帮助投资者在交易过程中避免受到情绪波动的影响，实现理性投资。

　　程序化交易系统的第一版（中国期货行业第一个程序化交易系统）于 2004 年 9 月推出，在第一版的基础上进行多次的修改和完善后，目前功能如图 4 - 136：

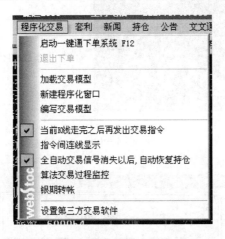

图 4 - 136

　　客户可以自己编写交易模型（交易公式），实现自动下单。可以发出："买开／买平/卖开/卖平/反手"指令，极大方便了技术派进行操盘。

　　当交易模型满足条件时，就自动发出交易指令，如图 4 - 137 所示。因为委托数量等其他条件，客户已经预先设好，这时客户只要点击一下"下单"，就可以发出委托指令（如果客户设置成全自动交易，系统会不需要确认自动下单）。

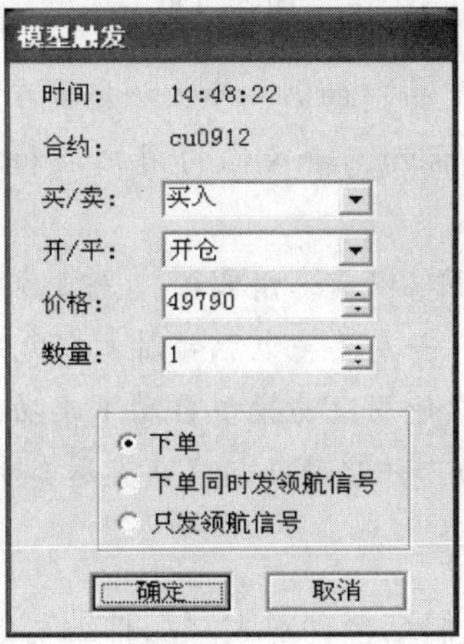

图 4 - 137

程序化交易系统的原理

客户通过程序化交易系统发出的委托指令通过一键通下单系统/金仕达/恒生远程交易系统，进入期货公司和交易所。通过程序化交易来进行下单和客户通过自助委托软件手动下单具有同等的安全性和可靠性。见图4-138、图4-139：

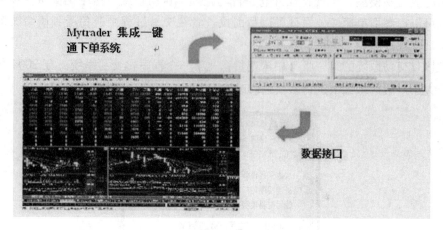

图4-138

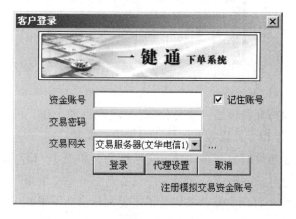

图4-139

注意：1. 使用"程序化交易"的第一步，一定要在文华财经行情系统中点击键盘F12启动一键通委托程序（consign，输入你的用户名和密码），否则程序化交易无法工作。

2. 使用一键通委托程序下单以前，请阅读"免责声明"。

3. 当您离开电脑的时候，一定要把电脑锁屏，以免别人使用你的账号进行交易。

4. 恒生自助委托程序客户使用交易模型自动下单功能之前，需再次输入恒生密码（点击程序化交易→恒生密码），并启动一起交易直通车功能（不需下单）。

（四）如何编写程序化交易模型

交易模型的编写方法，我们结合针对大豆品种编写的"使用示范"公式来说明一下。因为不同品种有不同的价格运行规律，建议客户针对不同的品种编写不同的交易公式。

■ 点击"程序化交易"→选择编写交易模型调出公式管理器→选择新建。见图4 −140：

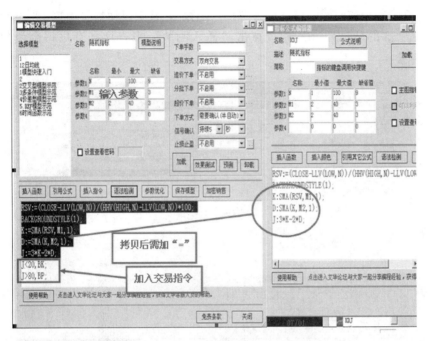

图 4 −140

图4−140就是根据"使用示范"交易模型系统出现的信号。各种信号的说明见图4−141：

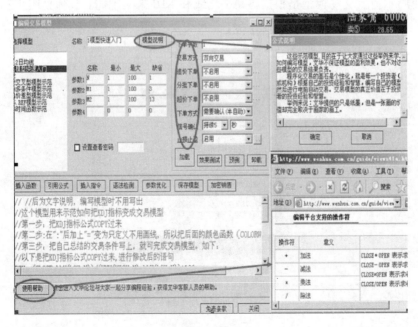

图 4 −141

其中，可以查找模型的说明、在线的使用帮助以及适合各类炒手的下单条件，比如下单手数、交易方式、追价下单、分批下单等。根据您不同的需求，可以适应地调整各项。

编写交易模型的时候，可以点击"插入函数"，其中包括数学函数、时间函数、绘图函数等全部的函数语句。通过点击"插入函数"来查询和套用每个函数。如图4-142所示：

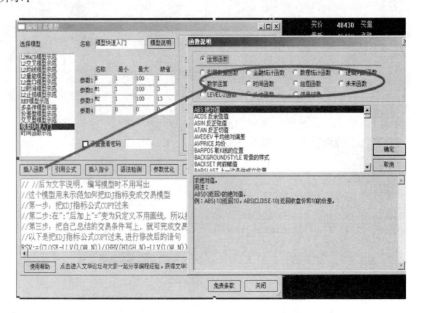

图4-142

"使用示范"交易模型是根据移动平均线和KDJ来实现的。具体见图4-143：

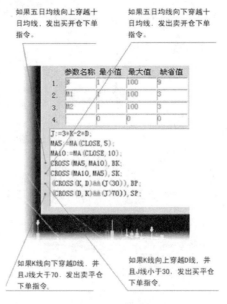

图4-143

　　建议客户在编写交易模型的时候，把指标公式和参数拷贝（COPY）过来，然后再加上"CROSS"这些交易指令函数，就很容易编辑交易模型了。

　　可以点击"交易指令"来查询交易模型中的每个交易指令的用法。如图4－144：

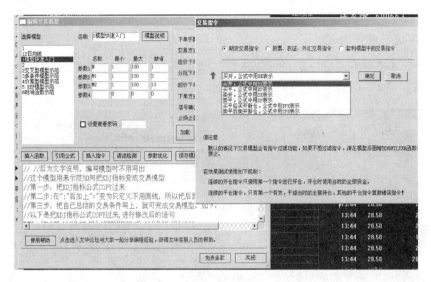

图4－144

　　编写完成的程序化交易窗口如图4－145所示：

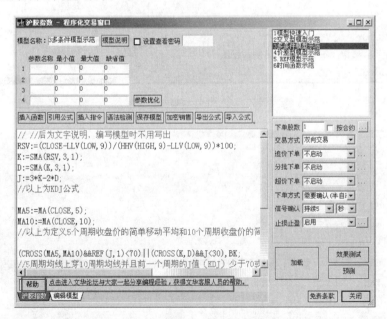

图4－145

（五）如何在编写程序化交易模型遇到问题的时候获得帮助

　　程序化交易平台提供了强大的编写模型功能，同时文华财经也提供了优质的服务，在编写模型的时候如果遇到问题可点击"帮助"查看文华函数和语法说明；也可点击

"帮助"后面的链接进入文华论坛获得文华客服人员的帮助；同时还提供了电话咨询和邮件咨询的服务：

电话：400 – 811 – 3377

邮箱：research@ wenhua. com. cn

（六）如何进行效果测试

客户交易模型编写好以后，可以进行"效果测试"以及查看详细的资金曲线，如图4 – 146、图4 – 147：

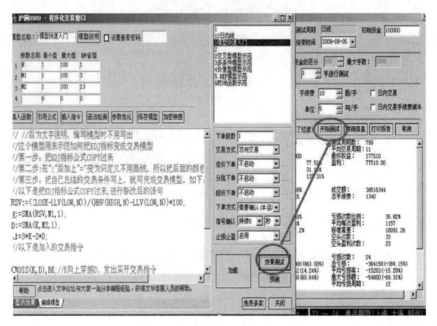

图4 – 146

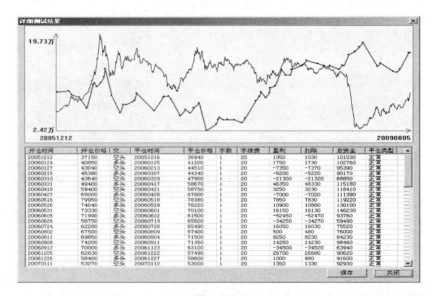

图4 – 147

通过效果测试并且对资金曲线（图中深色的折线为资金曲线，Webstock 2008 中无此项功能）满意，认为交易模型已经满足您的要求了，下一步要做的就是"保存模型"。

大功告成，最后一步就是"选择应用"，这时电脑上就会出现根据您的交易模型出现的交易信号了。一旦交易模型满足要求，系统就会发出交易指令。

效果测试指标项说明见表 4-22：

表 4-22

测试指标项	说明
平均交易周期	天数/总交易次数
总收益率(盈利/初始资金)	(最终权益－出始资金)/出始资金
扣除最大盈利后收益率	(最终权益－最大赢利－出始资金)/出始资金
扣除最大亏损后收益率	(最终权益＋最大亏损－出始资金)/出始资金
可靠性（胜率）	非亏损交易周次数/总交易次数
期望收益（平均 R 乘数）	[（历史交易记录的赢利交易的总赢利－亏损交易的总亏损）/总交易次数]／（历史交易记录的亏损交易的总亏损／总亏损交易次数）
平均利润率	总利润率/总交易次数
平均每次盈利	盈利次数/总盈利
标准离差率	离差/平均盈利
标准离差	$\sqrt{(}$SUM（（每次盈利－平均盈利）^2，N）／N）
平均盈利率	（每一次的盈利额/总资金额）的均值
平均亏损率	（每一次的亏损额/总资金额）的均值
平均盈利周期	盈利交易总周期数/总盈利交易次数
平均亏损周期	亏损交易总周期数/总亏损交易次数
最大盈利周期	单笔盈利交易持续的最大周期数
最大亏损周期	单笔亏损交易持续的最大周期数
最大连续盈利次数	测试周期内连续盈利交易的次数
最大连续亏损次数	测试周期内连续亏损交易的次数
最大连续盈利	测试周期内最大连续盈利额
最大连续亏损	测试周期内最大连续亏损额

（七）如何进行参数优化

对当前编写的模式不是十分满意或者打算通过调整参数改进模式，可以通过"参数优化"功能实现匹配最优参数。如图 4-148 所示，在合约沪铜 0911 上加载预先编写好的模型，通过点击"参数优化"进行最优参数匹配以达到模型的最佳参数配置。

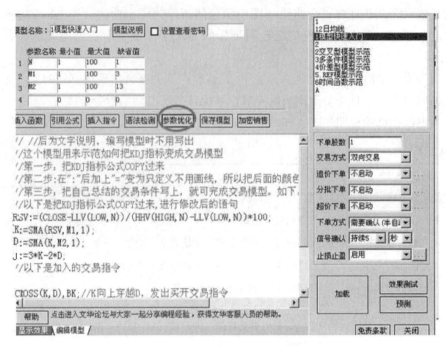

图 4 - 148

如图 4 - 149 所示，系统正在进行参数优化，为您筛选最优参数配置。优化后的参数显示在最优值中。同时，不仅可以设定总盈利率的最优参数，还可以自己选择其他参考标准的最优参数。

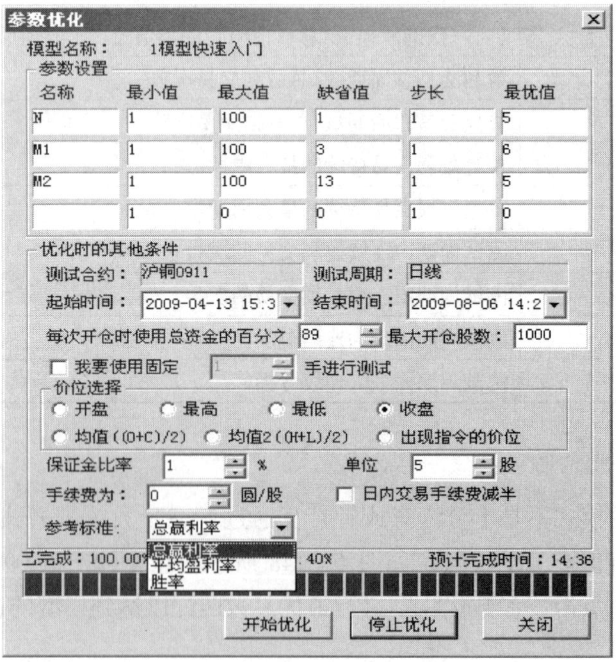

图 4 - 149

注：Webstock2008 无法选择参考标准。

（八）如何加密销售

期货公司的研发人员编制模型给客户用，一旦客户离开这个期货公司，模型自动失效。

■方法：选择"加密销售"→设置密码、购买者的文华账号、到期时间及输出路径。见图 4 - 150：

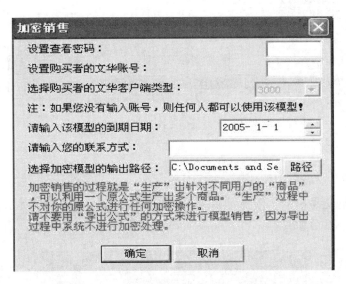

图 4 - 150

购买者得到公式后导入公式。见图 4 - 151：

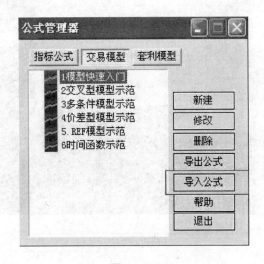

图 4 - 151

选择导入路径。见图 4 – 152：

图 4 – 152

（九）如何启动程序化交易

启用编好的交易模型实现自动下单。如图 4 – 153、图 4 – 154 所示，加载交易模型→选择模型→然后加载。

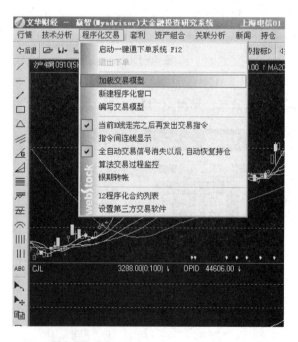

图 4 – 153

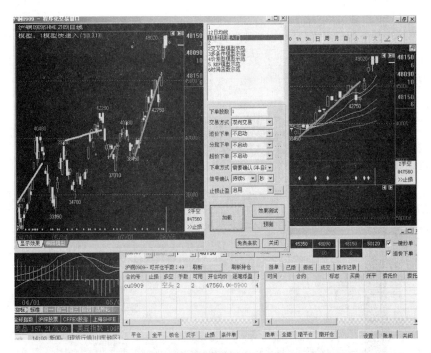

图 4 – 154

（十）如何在程序化交易窗口设置下单手数

可以在程序化交易窗口设置下单手数，模型触发后以固定手数下单。

■ 方法：在程序化交易窗口"下单股数"后空白处填写下单手数即可。也可按合约设置下单手数：将"按合约"勾选→点击"…"针对合约设置下单手数即可。见图 4 – 155：

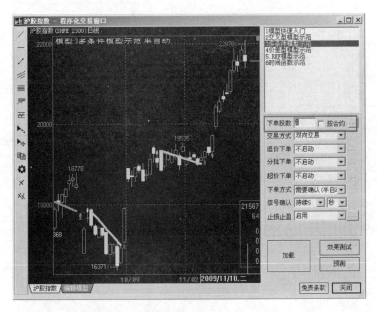

图 4 – 155

按合约设置下单手数。

■ 方法：点击程序化交易窗口右侧"按合约"后面的"…"→调出下单手数设置框→选择合约后点击"修改合约手数"→在"合约手数"中设置下单手数后确定即可。见图4－156：

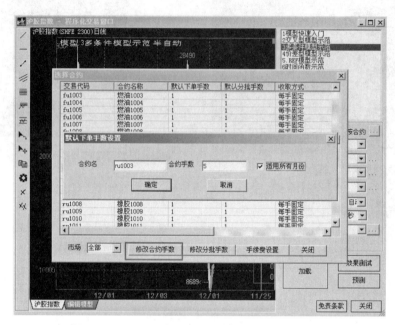

图4－156

（十一）如何选择交易方式

程序化交易提供可选的交易方式为："只进行多头交易"、"只进行空头交易"和"双向交易"。

■ 方法：在程序化交易窗口点击"交易方式"后的下拉框选择即可。见图4－157：

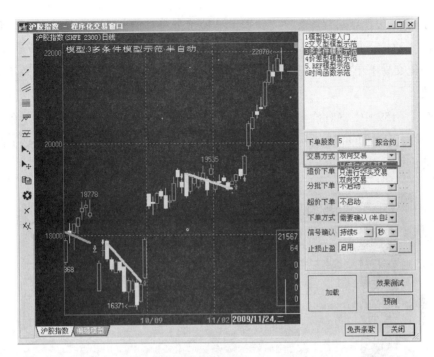

图 4 - 157

（十二）如何在程序化交易中使用超价下单（在 Mytrader 一键通 2009 中实现）

程序化交易提供超价下单功能，在下单时按照买卖方向加减 N 个最小变动价位，以提高成交几率。

■ 启动方法：在程序化交易窗口点击"超价下单"后面的下拉框→选择"启动"即可。见图 4 - 158：

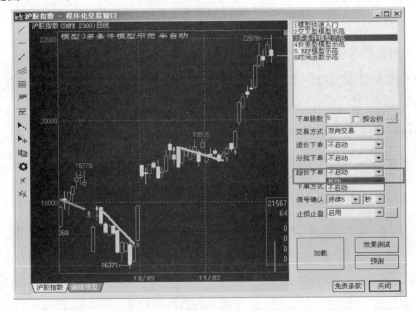

图 4 - 158

■ 设置方法：点击程序化交易窗口上"超价下单"后面的"…"调出超价设置对话框→在"对价下单"中填入需要调整的最小变动价位个数即可。

程序化交易下单执行的是对价下单的超价参数，在"挂价下单"和"最新价"中设置无效。

如图 4 - 159 中，"对价下单"设置调整 1 个最小变动价位，当模型满足条件触发后，买入委托会在市价基础上加 1 个最小变动价位，卖出委托会在市价基础上减 1 个最小变动价位，以此提高下单的成交几率。

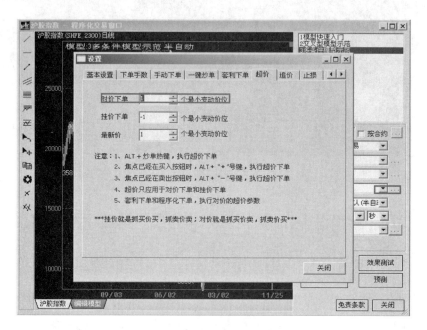

图 4 - 159

（十三）如何在程序化交易中使用追价下单（在 Mytrader 一键通 2009 中实现）

程序化交易提供追价下单功能，在下单后如果不能及时成交，系统会自动撤单，再重新发出委托，以提高成交几率。

■ 启动方法：在程序化交易窗口点击"追价下单"后面的下拉框→选择"启动"即可。见图 4 - 160：

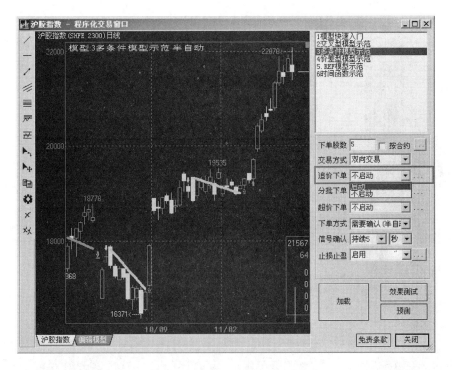

图 4 - 160

■ 设置方法：点击程序化交易窗口上"追价下单"后面的"…"调出追价设置对话框进行设置。

追价触发条件：下单后几秒没有成交便启动追价下单。

开（平）仓追价机制：设置对象为追价启动，撤单后再次发出委托的委托价格。

程序化交易遵循"对价"设置。

如图 4 - 161 所示，开仓追价机制"对价"中设置"对价"，意为追价启动。以"对价"为委托价重新发出委托，委托买入信号，则追价启动后以卖价重新发出委托；委托卖出信号，则追价启动后以买价重新发出委托。

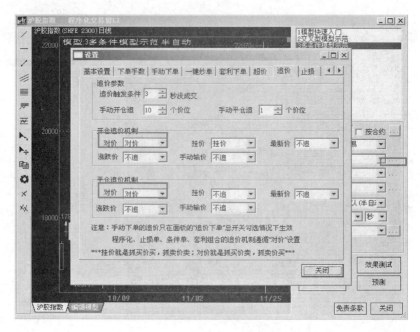

图 4 - 161

（十四）如何在程序化交易中使用分批下单（在 Mytrader 一键通 2009 中实现）

程序化交易提供分批下单功能，在下单手数过大时，按照默认的分批手数将总手术分批委托，以提高成交几率。

启动方法：在程序化交易窗口点击"分批下单"后面的下拉框→选择"启动"即可。见图 4 - 162：

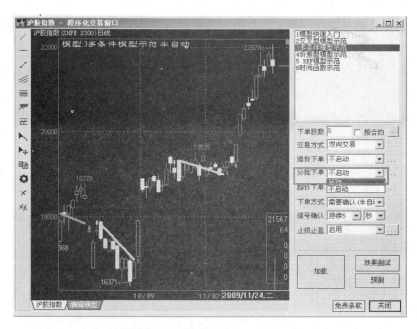

图 4 - 162

■ 设置方法：点击程序化交易窗口上"分批下单"后面的"…"→调出"分批手数设置对话框"进行设置，对"修改分批手数"进行设置即可。

如图4-163，橡胶默认分批手数设置为20，当下单总手数为100手时，将分为5批下单；当下单总手数为200手时，将分为10批下单。这样每次的分批手数不会随着总手数的变化而变化，使每批的成交几率提高。

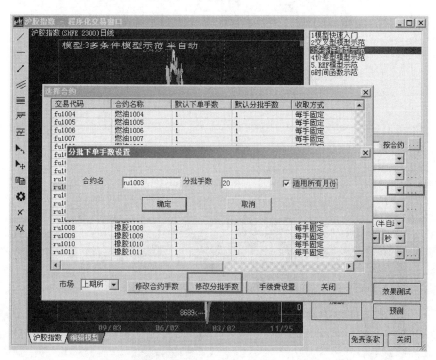

图4-163

（十五）如何进行全自动下单（在 Mytrader 一键通 2009 中实现）

在程序化交易窗口的右侧，可以对下单方式进行设置，选择不需要确认（全自动）的时候，当模型满足条件时，系统会自动发出委托；选择需要确认（半自动）的时候，当模型满足条件时，系统会发出确认下单的提示框；而选择只显示信号的时候，则只会在图上显示剪头，没有提示框也没有委托。见图4-164：

图4-164

（十六）如何在程序化交易过程中使用止损（在 Mytrader 一键通 2009 中实现）

在程序化交易窗口右侧，可以选择启动或者不启动"止损止盈"→点击后面的设置框，可以对止损和止盈进行设置。见图 4 - 165：

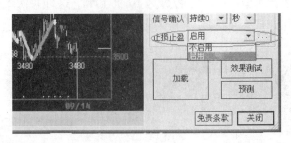

图 4 - 165

（十七）如何在程序化交易窗口切换周期

在程序化交易窗口点击右键→"分析周期"，点击需要的周期即可。见图 4 - 166：

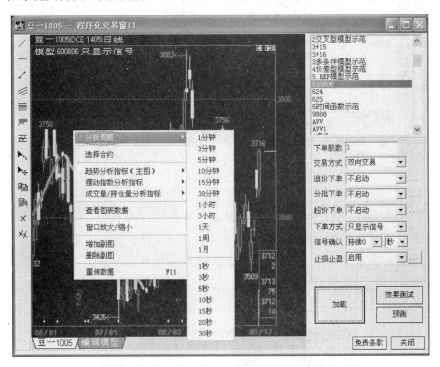

图 4 - 166

（十八）如何在程序化交易窗口更换合约

在程序化交易窗口点击右键→"选择合约"，选择需要的品种即可。见图 4 - 167：

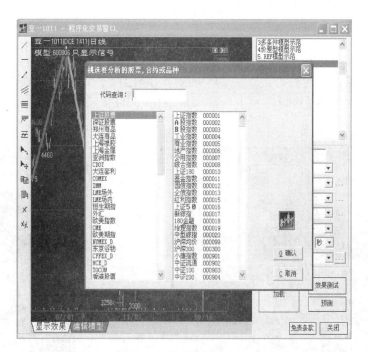

图 4 - 167

（十九）如何在模型运行过程中修改相关设置

如果模型启动后需要修改相关的设置，可按照以上说明进行相关功能的修改，修改后必须要点击"加载"，否则修改无效。见图 4 - 168：

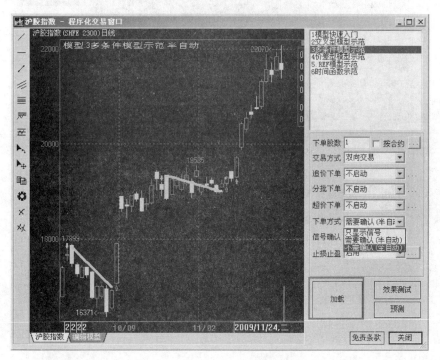

图 4 - 168

（二十）如何进行多品种的程序化交易

程序化交易功能支持同时进行多品种程序化交易。

■ 方法：点击"程序化交易"菜单→选择"新建程序化窗口"→选择模型加载生效→点击"程序化交易窗口"右上角的"最小化"，可按照上述方法启动其他程序化交易。见图 4 - 169：

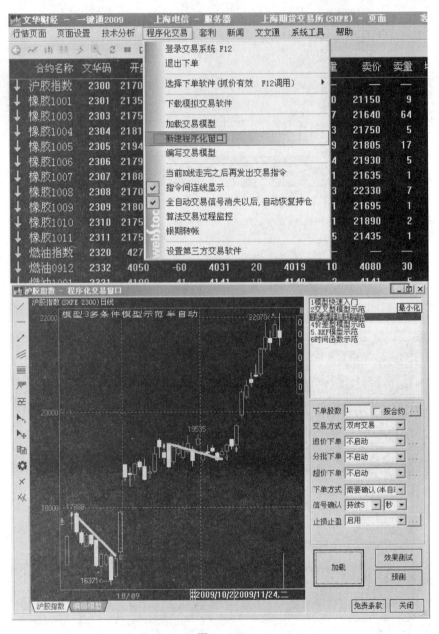

图 4 - 169

（二十一）如何在程序化交易窗口中使用指标分析

在程序化交易窗口进行程序化交易的时候，可以选择分析指标辅助分析。

■ 方法：在程序化交易窗口的K线图上，点击右键即可选择多种分析指标。见图4－170：

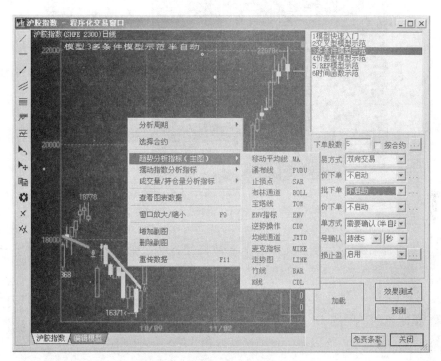

图4－170

（二十二）如何在程序化交易窗口中使用画线分析

在程序化交易窗口进行程序化交易的时候，可以对程序化交易窗口的K线图进行画线分析。

■ 方法：在程序化交易窗口左侧的画线工具条上选择画线工具后，在K线图上画线即可。图4－171：

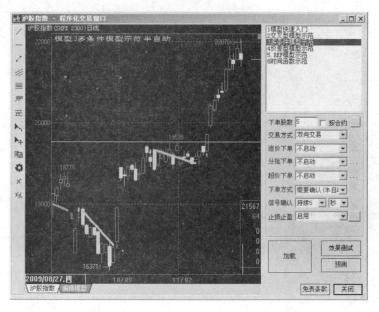

图 4 - 171

(二十三)"全自动交易信号消失以后，自动恢复持仓"的作用（在 Mytrader 一键通 2009 和赢智版本中实现）

1. 在 Mytrader 一键通 2009 中可以使用"全自动交易信号消失以后，自动恢复持仓"解决指令忽闪的问题。

"全自动交易信号消失以后，自动恢复持仓"原理说明如图 4 - 172：

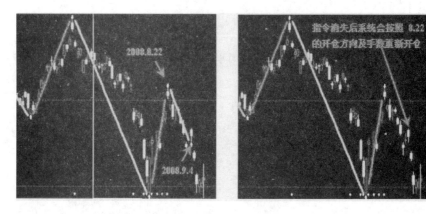

图 4 - 172

在全自动状态下，如果指令消失，系统会自动恢复到最近的一次交易指令的状态和手数。

例 使用模型自动交易沪铜 0811 在 2008 年 8 月 22 日发出卖出开仓信号，之后在 2008 年 9 月 4 号发出买开并平空指令，系统会自动将 8 月 22 日的持仓平掉并开多仓，此时如果买平开指令消失，系统会按照 8 月 22 日的开仓方向及手数重新开空仓，并平掉多单，这样既保住了 8 月 22 日到 9 月 4 日之间的盈利，又保持了原来的趋势继续盈利。

（二十四）如何解决指令忽闪（在 Mytrader 一键通 2009 和赢智版本中实现）

1. 设置信号确认时间

当信号出现后持续一定时间再发出委托，以此避免价格变化过快或者突发的价格变化导致的信号忽闪。发如图 4 - 173：

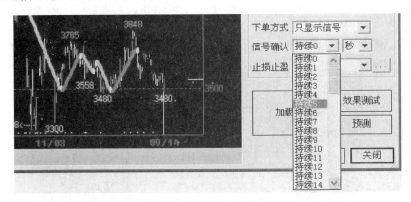

图 4 - 173

2. 当前 K 线走完之后再发出交易指令

选择此设置后，若当前 K 线满足触发条件，需等 K 线走完即第二根 K 线开盘价出现时才发出交易指令。

（二十五）如何使用算法交易过程监控（在 Mytrader 一键通 2009 和赢智版本中实现）

点击"程序化交易"菜单→选择"算法交易过程监控"，可以得到详细的系统自动交易的全部过程。同时可以通过取消算法交易或者取消以后批次的算法交易终止程序的运行。如图 4 - 174 所示，全天的算法交易的过程罗列在对话框中：

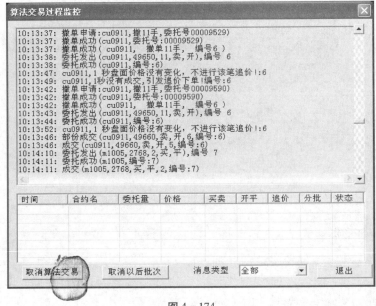

图 4 - 174

（二十六）指令间连线的作用

1. 指令间连线

如果您想运用自编的交易模型交易，为了能够清楚地显示交易指令信号。可以选择该项。

■ 方法：在"程序化交易"菜单中选择"指令间连线显示"。见图4-175：

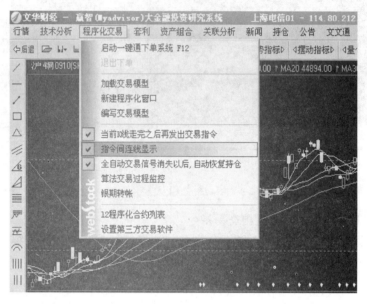

图4-175

2. 套利

套利分析的应用

■ 方法：选择"套利"菜单，出现下拉菜单。见图4-176：

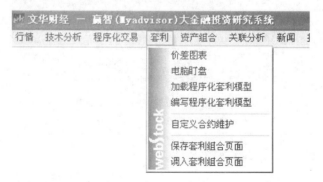

图4-176

（二十七）如何使用电脑盯盘进行套利交易

应用：做套利交易时价格触发自动下单。

■ 方法：设好条件→点"开始监测"→当价差满足一定条件之后，甲乙两个合约将自动下单，以完成套利交易。图4-177：

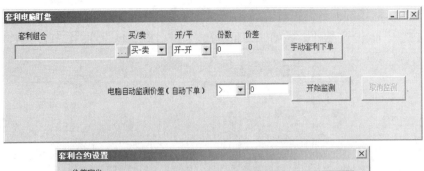

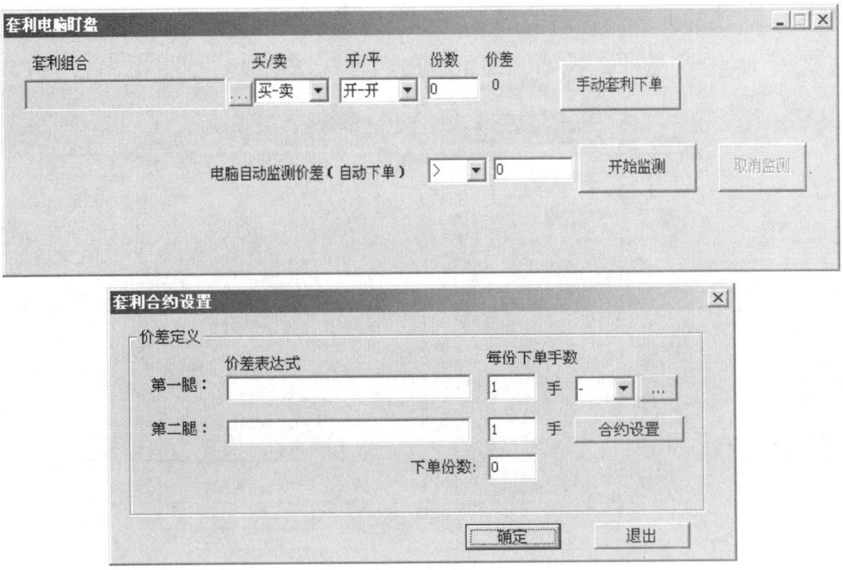

图 4 - 177

注：此处发送的两笔交易单有单边成交的情况。

(二十八) 如何创建价差图表

应用：同一窗口中叠加显示两个品种的走势图，看出两个品种走势的相关性，也可以进行跨市场的（国内）分钟数据套利。价差图的右边可以同时显示两个品种的盘口报价。

■ 方法：打开其中一个合约的 K 线技术图表→选择"差价图表"，在弹出的对话框里设置另一个品种、数据和分析方法等。可以选择以价差的历史均值作为中轴线。图 4 -178：

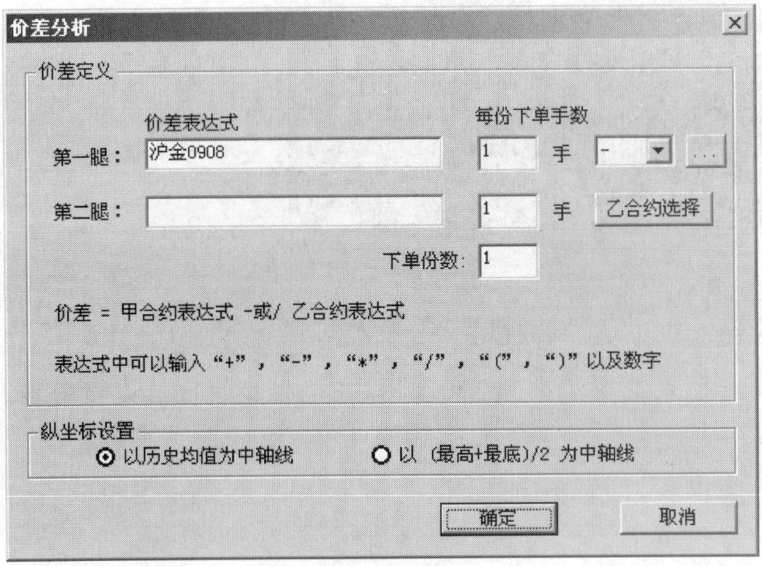

图 4 -178

选择用来比较的品种

■ 方法：点击"品种"按钮，即可弹出品种选择窗口。见图 4 – 179：

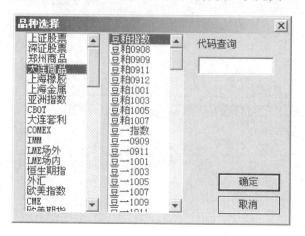

图 4 – 179

生成的套利分析见图 4 – 180：（注：Webstock2008 中只能生成套利分析图，没有下单界面）

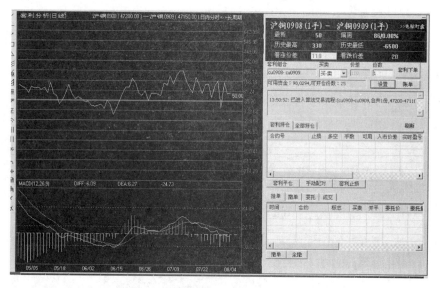

图 4 – 180

（二十九）如何实现插入汇率和 LME 升贴水功能（在赢智版本中实现）

系统具有插入最新汇率和 LME 升贴水功能，并且可以设置换月时间。见图 4 – 181：

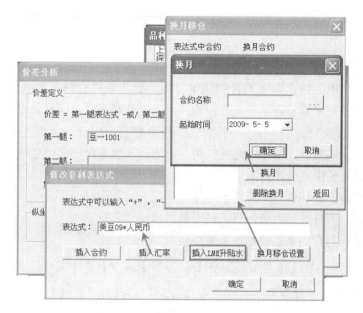

图 4 - 181

合约表达式举例说明，见图 4 - 182：

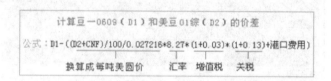

图 4 - 182

生成套利分析及下单界面，见图 4 - 183：

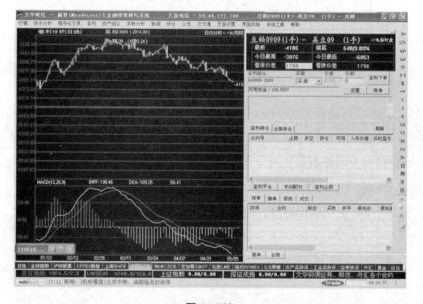

图 4 - 183

注：点击"日内短线套利"，可查看"套利分析（分时走势图）"，可做日内短线套利。

界面说明

看涨价差：甲合约卖价－乙合约买价，因为要买入甲合约，卖出乙合约。如果您认为价差要涨，则鼠标左键单击此处抓价，再点击套利下单，即可完成套利交易。

看跌价差：甲合约买价－乙合约卖价，因为要卖出甲合约，买入乙合约。如果您认为价差要跌，则鼠标左键单击此处抓价，再点击套利下单，即可完成套利交易。

最新：最新的甲乙合约价差。

偏离：最新价差和价差历史均值的偏离情况。

今日最高：当日的甲乙合约价差最大值。

今日最低：当日的甲乙合约价差最小值。

（三十）如何套利下单（在 Mytrader 一键通 2009 和赢智版本中实现）

■ 方法：选择"看涨价差"或"看跌价差"后点击"套利下单"即可进行套利交易。见图 4 - 184：

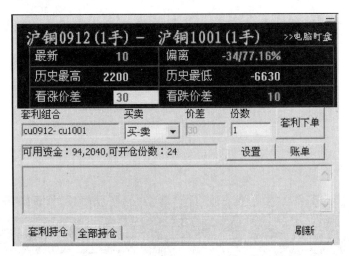

图 4 - 184

套利交易详细用法请参考 http://bbs2. wenhua. com. cn/dispbbs. asp？boardid = 9&Id = 108734。

（三十一）如何对套利分析图进行分析

应用趋势指标和摆动指标对套利分析图进行分析。

■ 方法：在图上点鼠标右键，然后选择。见图 4 - 185：

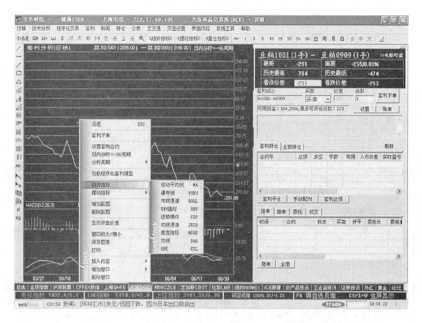

图 4－185

应用画线分析。见图 4－186：

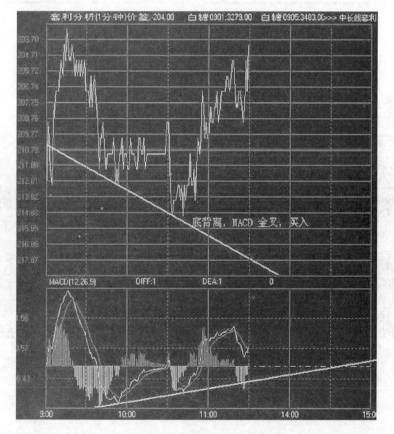

图 4－186

（三十二）如何进行自定义合约维护

应用：跨商品套利。

例　做美国和中国市场的大豆套利，由于汇率、关税等影响因素经常发生变化，如果只按照固定的比例换算价格，显然不准确。运用自定义合约维护就可以每天对合约的价格按照当天的情况换算。这样一天天的积累，使得套利分析能够更加准确和易行。见图 4 - 187：

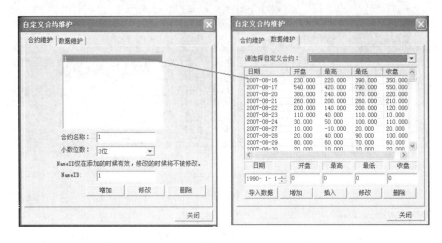

图 4 - 187

（三十三）如何实现品种叠加

在某一品种合约 K 线图上单击鼠标右键→品种叠加，得到叠加走势图。见图 4 - 188、图 4 - 189：

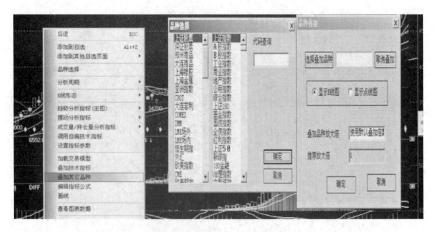

图 4 - 188

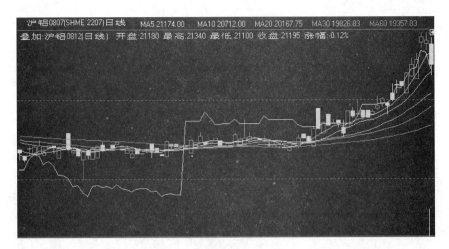

图 4 - 189

图 4 - 189 为选择"显示"点线图，还可以选择"显示 K 线"的形式。见图 4 - 190：

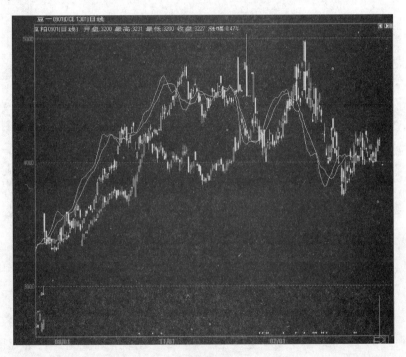

图 4 - 190

分时走势图上进行叠加分析，如沪铜 0911 的分时走势图上叠加的沪铝 0911 的分时走势图。见图 4 - 191、图 4 - 192：

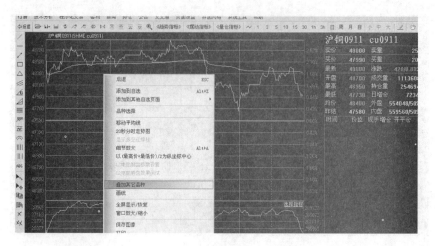

图 4 - 191

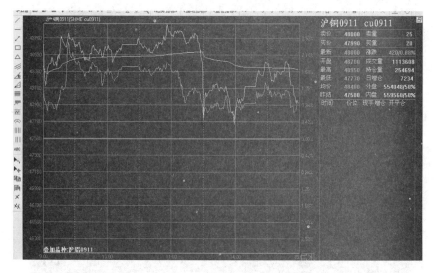

图 4 - 192

资产组合（在赢智版本中实现）。

（三十四）资产组合功能有什么作用

这是一个资产组合的创建、分析和管理软件，能够分析两个品种之间的关联性，推荐对冲头寸，分析每一笔交易，把权益、风险数据图表化，让组合投资变得更加方便。我们向大家提供的是一个创新的投资方式，以资产管理为中心，而不是以预测为中心的平台。

资产组合是赢智 Myadvisor 新增加的一个功能，用于解决以下三个主要的问题：

1. 解决资产组合图表化、直观化的问题，让组合投资不再"模糊"。

2. 解决目前内外盘做套利的权益计算太繁琐的问题。

我们的投资组合分析管理平台支持汇率，每个合约要有自己的汇率参数，例如客户可能买入上海铜的多个合约，同时卖出 LME（英镑）和 Comex（美元）的合约。让客户自己输入或者引用文华的汇率品种,这样就能支持多合约对多合约的复杂套利了。

3. 根据品种的波动性,计算对冲的头寸。

对冲头寸的确定,是建立资产组合的核心,文华提供确立对冲头寸的工具。对于现货套保的客户,可以根据库存的现货量来计算期货该做的手数。

例 虚拟客户在 2008 年 1 月份买入了两只股票:江西铜业和北大荒,是两只分别与上海铜、大连大豆具有相关性的股票。当时的上证指数为 5400 点左右。买股票只有涨才能赚钱,为了防止股票大跌,用户用当时股票价值的 30% 的资金卖出了上海铜和大连大豆期货。

如果当时客户没有做期货和股票的投资组合交易,到 2009 年 1 月份,上证指数 1900 点,两只股票已经亏损 311 万元。但是正是由于客户做了对冲交易,客户在期货上竟然赚了 878 万。算总账盈利 378 万,与投入的 1000 万资金相比,盈利率达到了 37.8%。见图 4 - 193:

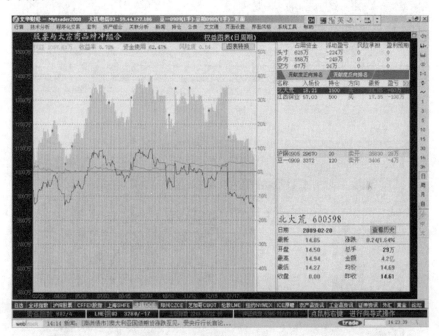

图 4 - 193

（三十五）如何找到最适合对冲的品种（见图4－194、图4－195）

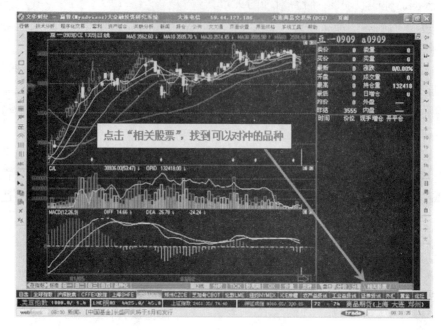

图4－194

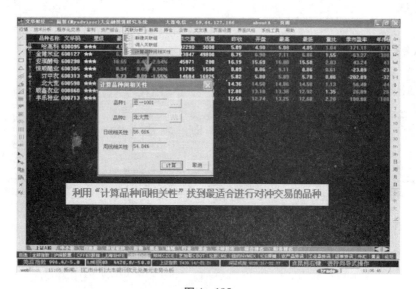

图4－195

（三十六）如何计算品种间的相关联性

如图4－196所示，豆粕指数与豆一指数之间的日线、周线相关性分别为80.82%和86.36%。

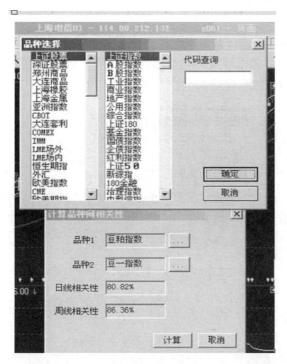

图 4 - 196

计算品种间的相关联性是对不同合约进行资产组合分析的重要工具之一。其相关联度应分布在 - 1 ~ 1 之间。关联度在接近 1 的一侧，说明品种的联动的方向趋于一致，否则联动的方向趋于相反；如果关联度的值为 0，说明品种间不存在关联度，没有做资产组合的意义。

（三十七）如何确定对冲头寸的数量

1. 使用"推荐对冲头寸"确定手数（图 4 - 197）

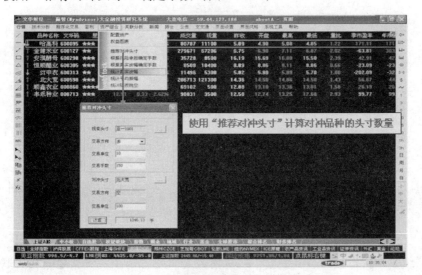

图 4 - 197

2. 根据风险承担确定手数

根据您对风险承担的意愿计算出来最佳的买卖手数。如图4－198所示，对于合约沪铜0908，如果风险承担系数为2%，分配资金为100 000元，止损点差为1个点，交易单位是5的话，则最佳配置是400手合约。

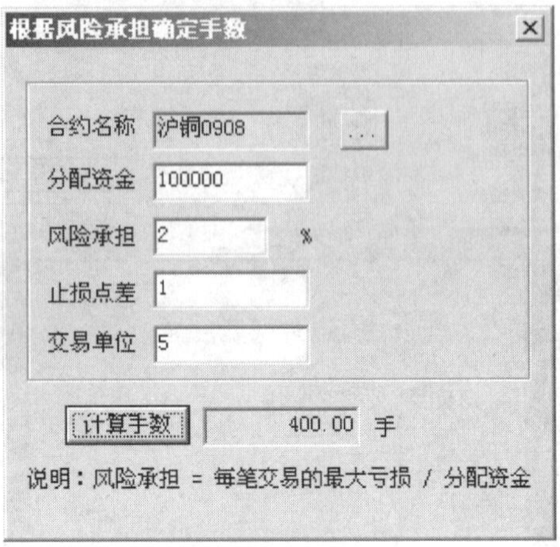

图4－198

3. 统计真实波幅和平均振幅，并且根据真实波幅确定手数

利用系统为您自动计算出合约在给定时间区间内的真实波幅。如图4－199，沪铜0908在100天内的真实波幅为3.05%的平均价格，这个数值有效地说明了该合约的波动情况，并且根据这个波动情况进一步确定买卖手数。

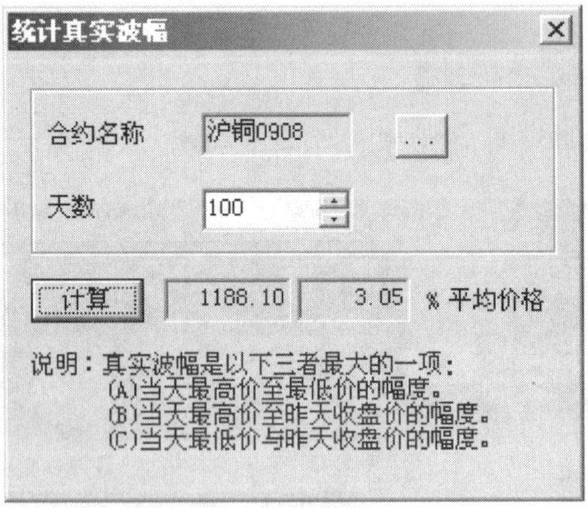

图4－199

通过以上方法找到最适合的对冲品种和计算出对冲头寸后，就可以进行对冲交易，实现资产的最优组合。

（三十八）如何新建关联组

关联组是期货指数与经济数据、期货指数之间或者是经济数据之间相关联性的走势的组合。以图像的形式真切地反映出它们之间的关联系。以选择沪铜、沪铝、中国利率和中国 CPI 为例，操作过程以及结果见图 4-200、图 4-201：

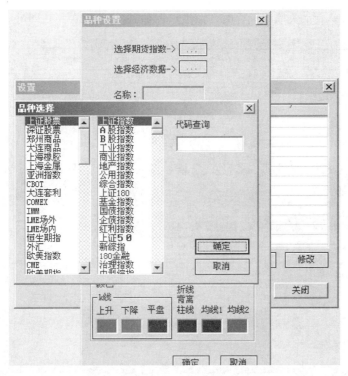

图 4-200

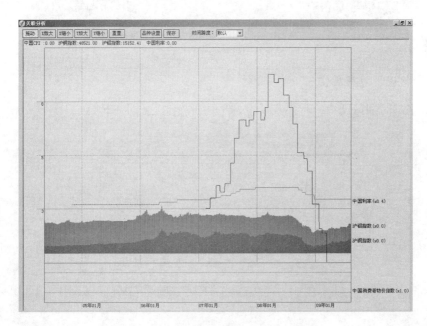

图 4-201

图中形象地反映出了各个指标间相关联性（是正相关还是负相关）的关系，是投资者分析不同指标、合约、指数等数据的有效方法之一。

（三十九）如何调入关联组

当需要将您认定的关联组储存时，点击"保存"，选择保存路径即可。见图 4-202：

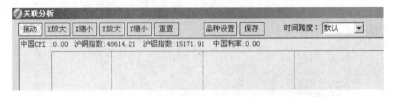

图 4-202

当需要调出历史存储数据时，关联分析→调入关联组。根据图 4-203 所示，打开您需要的文件即可。

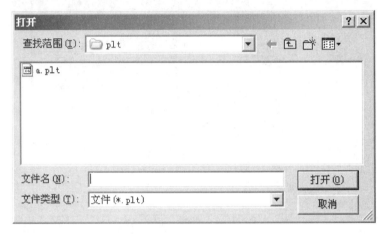

图 4-203

（四十）如何统计隔夜跳空

在给定的时间区间内统计隔夜跳空的平均价格。见图 4-204：

图 4-204

计算的是在 100 天内沪铜 0908 隔夜跳空的平均价格，为 519.8 元，为平均价格的 1.33%。

（四十一）Level－2 数据的特点和优势

目前大连品种支持 Level－2 数据的揭示，其特点和优势见图 4－205：

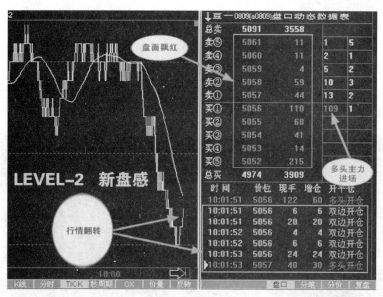

图 4－205

1. 更快的发布频率

目前的实时基本行情是每秒钟发布 2 次的快照，大商所 Level－2 的行情数据将比实时基本行情快一倍，每秒钟发布 4 次。

2. 更深度委托信息（见图 4－206）

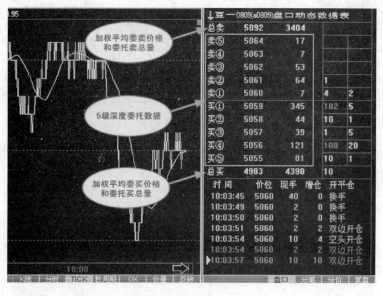

图 4－206

注：目前的实时基本行情只提供最优买卖价位上的委托行情信息，大商所 Level - 2 增加了买二到买五委托行情、卖二到卖五委托行情，形成了 5 级深度委托行情。

3．更详细的委托信息

Level - 2 数据具有更详细的委托信息，为投资者提供了更有价值的市场讯息。

例 买 1 的量是 345 手，这 345 手是由多笔挂单组成的，其中前十笔分别为：182 手、5 手、10 手、1 手、1 手、5 手、100 手、20 手、10 手和 1 手，在 10 个小格中对应显示出。大连交易所目前支持套利交易，所以还可以查看到套利交易详细的委托信息。如图 4 - 207：

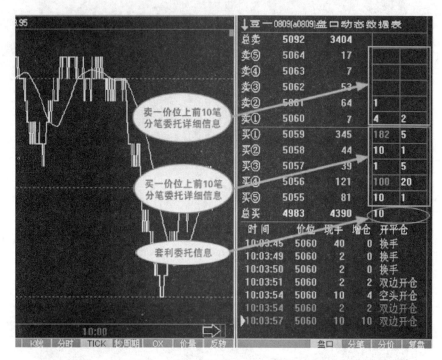

图 4 - 207

注：大连交易所目前支持套利交易，所以还可以查看到套利交易详细的委托信息。

4．分价统计图

分价统计上显示出根据分价位成交量统计计算出的多空优势情况。如图 4 - 208：

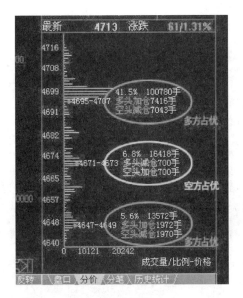

图 4-208

5. 分笔统计图

　　分笔统计上可以显示出不同成交金额区间的资金分布情况，主力动向一目了然。
如图 4-209，单边金额在 2000 万以上的全部集中在空方：

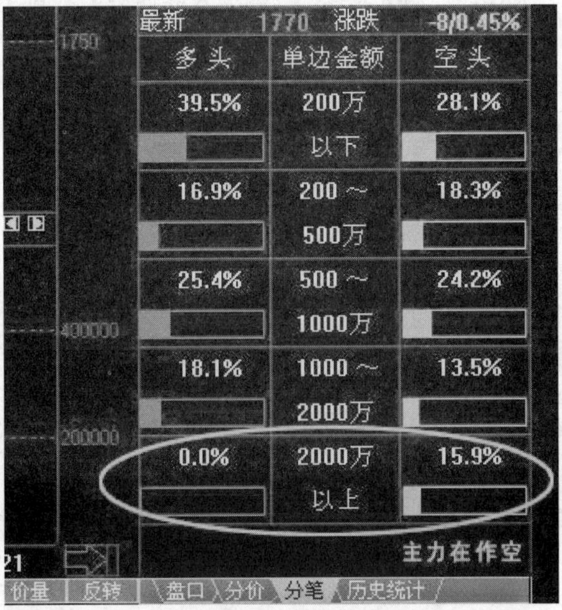

图 4-209

　　注：该值根据 Level-2 数据计算出来的结果比 Level-1 数据更加精确。

第五章 博易大师行情交易软件使用说明

第四章介绍了文华财经行情交易软件的使用。这一章将介绍期货交易中经常使用的另一款软件——博易大师行情交易软件。

第一节 基本使用方法

一、登录系统

双击桌面上的""图标，就会弹出登录界面。均衡版博易大师支持使用三种代理服务器：HTTP、SOCKS5、SOCKS4，点击登入界面中的"配置"即可设置代理服务器。如图5－1：

图5－1

注：设置完成后，在"用户名"和"密码"栏内输入您的用户名和密码，然后点击"联机"。

二、界面介绍

博易大师为用户提供了以下几种软件界面：

1. 软件的"报价画面"，如图5－2：

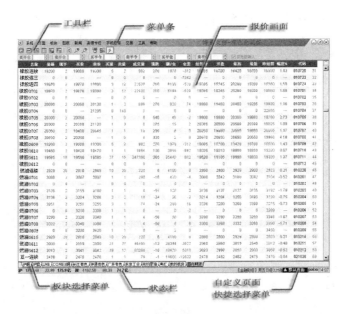

图 5 - 2

2. 软件的"分时走势图",如图 5 - 3:

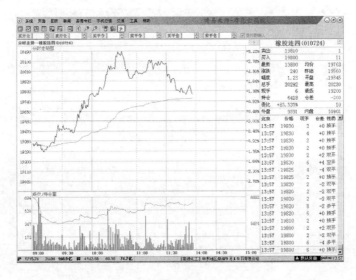

图 5 - 3

3. 软件的"K线图",如图5-4:

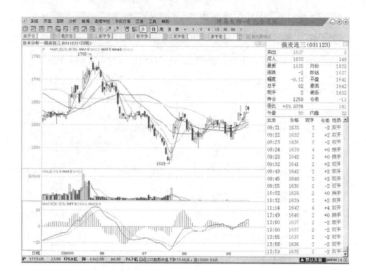

图5-4

4. 软件的"闪电图",如图5-5:

图5-5

5. 软件的"新闻",如图5-6:

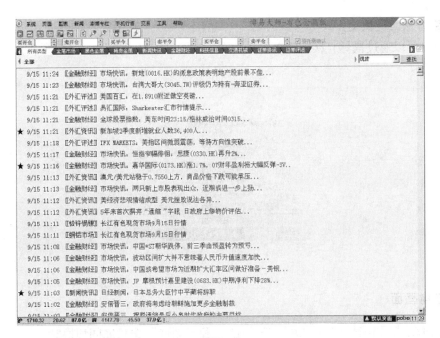

图 5－6

三、调入系统默认页面

■ 方法一：菜单方式

博易大师支持以下常用页面，用户可以使用鼠标选择以下相应的页面→单击鼠标左键即可。如图 5－7：

图 5－7

■ 方法二：快捷方式

用户可以通过鼠标直接左键单击界面右下角的"默认页面"→选择所需要的页面。

如图5-8：

图5-8

四、变换画面

如何在"闪电图""分时图""K线图"和"新闻"窗口之间切换？

■ 方法一：菜单方式

用户可以在菜单栏中的"图表"中选择。如图5-9：

图5-9

■ 方法二：右键快捷方式

用户可以在窗口中单击右键→在快捷菜单中的"变换画面"下进行选择所需窗口。

如图5-10：

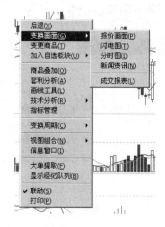

图5-10

■ 方法三：图标点击方式

用户可以单击工具栏上的快捷图标来切换窗口。如表5-1所示：

表5-1

图　　标	说　　明
	闪电图
	K线图
	报　价
	新　闻

■ 方法四：热键方式

用户可以通过热键的方式，来选择并控制您的操作(参考：《博易大师热键说明》)。

五、选择板块

博易大师支持以下板块，用户可直接点击屏幕下方书签方式的板块，也可以使用鼠标选择以下相应的板块。如图5-11：

图5-11

六、选入品种

博易大师如何选入品种？

■ 方法一：期货品种代码表

输入数字代码调出您所选的品种→按"↑"或"↓"键来选择→按回车键。（参

见目录：期货品种代码表）

例．〔沪A〕　南方航空　输入"600029"（如图5－12）

图5－12

■ 方法二：输入拼音字头

您只需输入品种名字汉语拼音的第一个字母→按"↑"或"↓"键来选择→然后按回车键。

例　〔芝加哥期货〕　美黄豆03 输入"mhd"（如图5－13）

图5－13

七、调出 K 线图

1. 调出当前品种 K 线图的方法

■ 方法一：在分时走势图中，用户可以按"F5"或在智能键盘中输入"05"调出 K 线图。

■ 方法二：用户可以用鼠标左键点击菜单工具栏上"▦"图标调出 K 线图。

■ 方法三：在行情报价窗口里选择品种后→单击鼠标右键→在"变换画面"中用鼠标左键单击选择"K 线图"。如图 5 - 14：

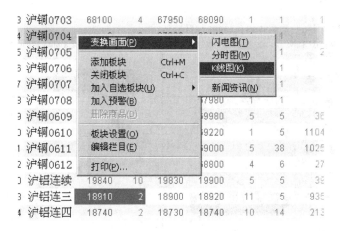

图 5 - 14

2. 如何调整 K 线画法

博易大师提供了 K 线界面不同的"显示风格"。点击菜单栏中的"工具"菜单，选择"显示风格"，即可调出"显示风格"选项。如图 5 - 15：

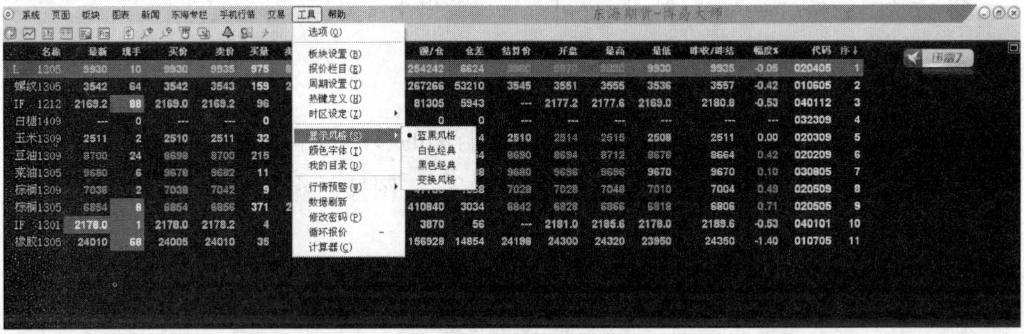

图 5 - 15

【方案】——可以改变界面风格。

【K 线宽窄】——可以改变 K 线宽度。

【K 线画法】——可以改变 K 线"实心"或者"空心"。

【曲线平滑】——选择 K 线是否平滑画法。

【颜色】——可以修改指标颜色。点击想要修改的指标，"颜色"下方的方框中就会出现该指标目前显示的颜色，点击该方框，即可修改其颜色。

【字体】——可以修改界面字体效果。鼠标点击选中想要修改的文字，然后单击"字体"下方的方框，即可修改其字体效果。

八、十字光标

作用：在技术分析图中，当您移动鼠标时，既能显示当时日期，也能显示当时的价位。如图5-16：

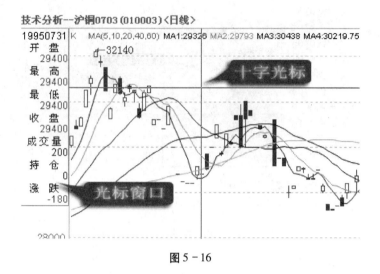

图5-16

■ 方法一：直接在K线图下双击鼠标左键→调出十字光标→再次双击鼠标左键即可关闭十字光标。

■ 方法二：按"←"或"→"也可以直接调出十字光标。

九、图表移动和缩放

■ 方法一：用鼠标控制右上方的按钮来进行图的移动和缩放。

移动：用户点击界面工具栏中"⇦"或"⇨"图标，就可以对闪电图和K线图进行向前移动或向后移动。如图5-17：

图5-17

缩放：在界面的工具栏中点击"🔍"或"🔍"进行放大和缩小。如图5-18：

图5-18

■ 方法二：热键方式的移动和缩放。如表 5－2 所示：

表 5－2

热　　键	功　　能
Ctrl ＋ ←	向左移动整屏 K 线
Ctrl ＋ →	向右移动整屏 K 线
Shift ＋ ←	向左移动半屏 K 线
Shift ＋ →	向右移动半屏 K 线
↑	放　　大
↓	缩　　小

小技巧：局部放大。

■ 方法：用鼠标在主图中左键单击拖动到右下方的指定位置。

原图如图 5－19：

图 5－19

方法图如图 5－20：

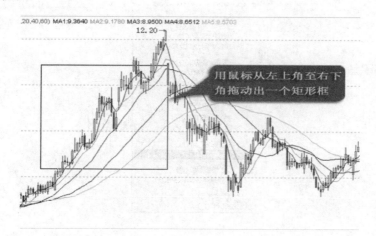

图 5－20

效果图如图5-21:

图5-21

十、信息窗口的调入

功能:信息窗口提供了单一期货的基本信息,包括开盘、收盘、最高、最低、持仓等;同时还提供了最新的即时信息,每分钟的价格、现手、仓差及性质都会实时地显示出来,为用户的买卖操作提供依据。

■ 方法一:图标方式

用户可以直接点击界面工具栏上的"  "图标,即可调出信息窗口。如图5-22:

图5-22

■ 方法二:快捷菜单方式

用户可以在分析图中的空白处单击右键→选择"信息窗口"即可。如图5-23:

图5-23

调出信息窗口的效果图如图 5 - 24：

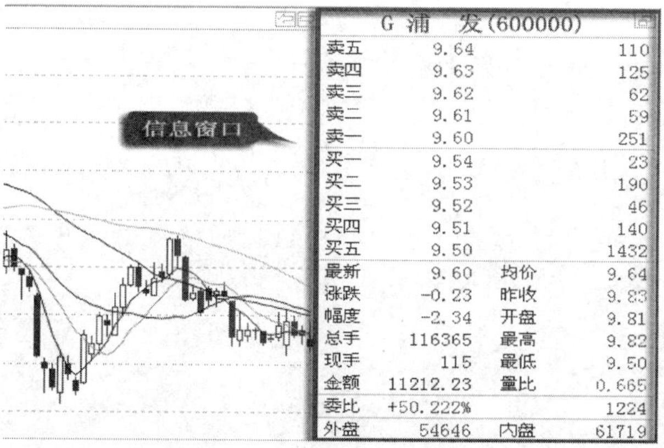

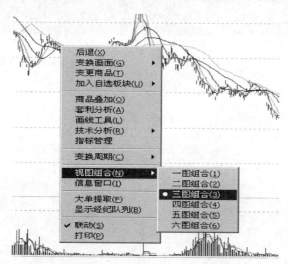

图 5 - 24

十一、视图组合

博易大师为用广大用户提供了各种形式的视图组合。

■ 方法：用户在 K 线图中单击右键→选择"视图组合"。如图 5 - 25：

图 5 - 25

十二、改变分析周期

博易大师提供了"日"、"周"、"月"、"季"、"分钟"等不同分析周期的 K 线图，而且在每一种分析周期界面的最上方都显示了该品种的名称、代码以及开、高、低、收等情况。如图 5 - 26：

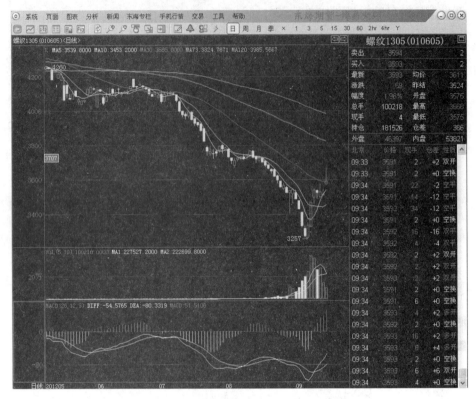

图 5-26

如何改变分析周期?

■ 方法一：直接用鼠标在右上方按钮区域里选择。如图 5-27：

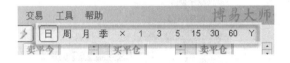

图 5-27

注：X——可以任意天查看主图，Y——可以任意分钟查看主图。

■ 方法二：用户按"F8"可以选择正向循环周期，按"Ctrl + F8"可以选择反向循环周期。

■ 方法三：用户可以选择菜单中"分析"下的变换周期→单击选择所需的周期。如图 5-28：

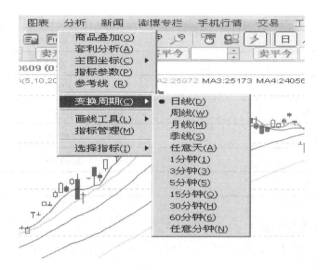

图 5 - 28

■ 方法四：用户可以在分析图中的空白处单击右键→从快捷菜单中"变换周期"下选择所需的周期。如图 5 - 29：

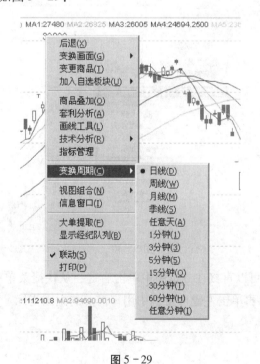

图 5 - 29

十三、选择主图指标

博易大师提供了以下主图的图表。如表 5 - 3 所示：

表 5 - 3

代　码	技术图表
K	K 线图
BAR	美国图
TWR	宝塔图
CLOSE	收盘价线
HIGH	最高价线
LOW	最低价线

如何进行选择主图指标？

■ 方法一：用户可以选择菜单中"分析"下"选择指标"中的"主图指标"。如图 5 - 30：

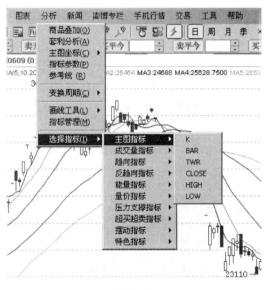

图 5 - 30

■ 方法二：用户可以直接在分析图中单击右键→从快捷菜单中"技术分析"下的"主图指标"中选择→再单击左键即可调中用户需要的主图指标。如图 5 - 31：

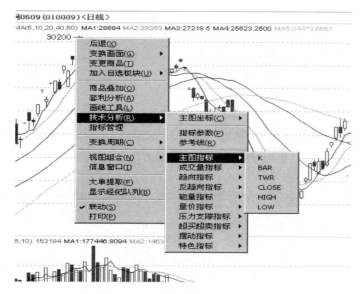

图 5 - 31

■ 方法三：用户也可以通过智能键盘调出主图指标。只要在智能键盘中输入主图指标的英文编码→选中并按回车键即可。（参考：主图指标中英对照表）

例　美国线　输入"BAR"　如图 5 - 32：

图 5 - 32

十四、变换分析指标

■ 方法一：菜单方式

用鼠标在界面中进行选择→在菜单"分析"下"选择指标"中进行选择即可。如图 5 - 33：

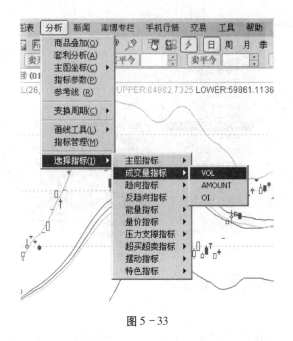

图 5 - 33

■ 方法二：快捷方式

用户可在分析图的空白处单击右键→在"技术分析"中选择所需的分析指标。如图 5 - 34：

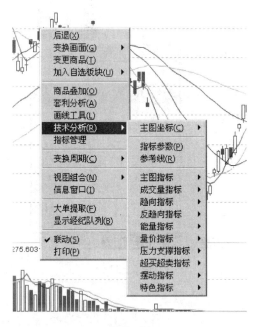

图 5 - 34

■ 方法三：智能热键

您只需输入指标的英文名字→敲回车键即可显示相应的分析指标。

例 指数平滑异同平均线，输入"MACD"。如图 5 – 35：

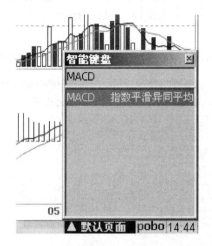

图 5 – 35

注：请参考《博易大师》软件提供的《指标中英文对照表》。

十五、新闻的查看与检索

博易大师为广大用户提供了大量新闻，以便用户能够从中得到有价值的信息资料。

1. 如何调出新闻列表

■ 方法一：图标方式

用户可以直接左键点击工具栏中的""图标调出新闻。如图 5 –36：

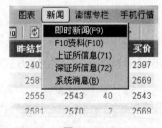

图 5 – 36

■ 方法二：菜单方式

用户可以点击菜单"新闻"中的"即时新闻"即可。如图 5 –37：

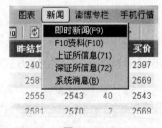

图 5 – 37

■ 方法三：热键方式

用户可以直接按 F9 调出新闻页面。

2. 如何选择新闻

通过方向键"↓""↑"、或用鼠标在列表内选择新闻。

3. 查看新闻内容

选择好新闻后使用回车键，也可直接用鼠标双击调出新闻页。如图5-38：

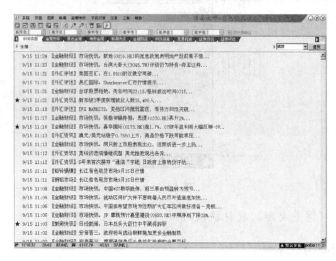

图 5-38

（1）按菜单的图标，或按"Esc"键可以回到新闻列表界面。

（2）软件在您阅读完某则新闻后，会在新闻列表上相关的一则新闻上标注一个

"★"图标，以表示用户阅读过。

（3）在新闻界面还提供了滚动新闻，如图5-39：

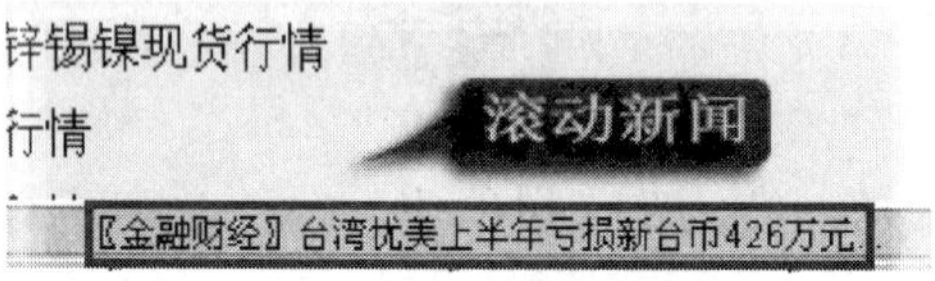

锌锡镍现货行情

行情 **滚动新闻**

『金融财经』台湾优美上半年亏损新台币426万元

图 5-39

4. 如何进行新闻的检索

（1）分类新闻检索

博易大师直接为用户提供"金属市场"、"新闻快讯"、"科技信息"和"金融财经"等分类新闻，用户只需点击相应新闻的书签快捷方式即可。如图5-40：

图 5-40

（2）关键字方式的查找

用户可以在查找前的空白处进行选择想了解的相关新闻，也可以直接输入关键字，

按 "　　查找　"即可。

例　查找"现货"的相关新闻。如图 5 - 41：

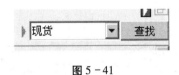

图 5 - 41

十六、显示风格

博易大师为用户提供了"博易风格"、"白色经典"、"黑色经典"和"变换风格"
四种界面风格，

用户可以通过两种方式更换显示的风格。

■ 方法一：菜单方式

在菜单条的"工具"中有"风格选择"选项→单击更换显示风格。如图 5 - 42：

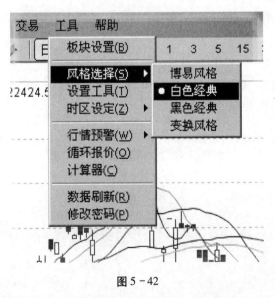

图 5 - 42

■ 方法二：设置工具方式

在菜单条的"工具"中有"设置工具"选项，单击调出设置工具的对话框→在
"颜色方案"中进行更换显示风格。如图 5 - 43：

图 5 – 43

■ 方法三：快捷方式

用户可以直接左键单击界面工具栏上 " 🖱 " 图标，即可改变显示风格。

十七、在线支持

功能："在线支持"是博易大师的特色服务，它不同于 MSN、QQ 等聊天工具，是针对"客户维护"层面开发的产品。

■ 方法一：用户可以直接左键单击界面工具栏中的 " 🖳 " 图标，即可调出"在线支持"。如图 5 – 44：

图 5 – 44

■ 方法二：用户可以在菜单中的"帮助"下选择"在线支持"。如图 5 – 45：

图 5 – 45

■ 使用方式："在线支持"简单、易懂，使用起来方便、快捷。如图5－46：

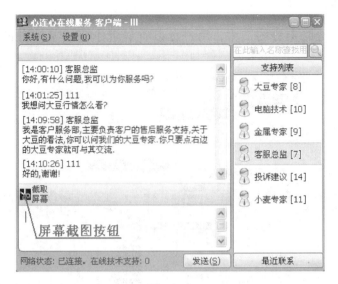

图5－46

输入聊天后按"Ctrl＋Enter"，发送聊天信息。

十八、价量仓统计

在分时走势图中，用户可以直接按"F2"调出价量仓统计界面。如图5－47：

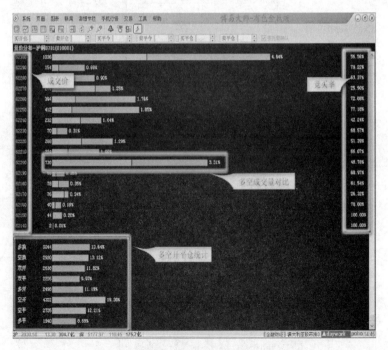

图5－47

注：其中"多开"、"空开"、"空平"、"多平"中的换手显示为黄色。

十九、历史回忆

功能：在"分时走势图"中，用户可以查看近十日或某一日的历史回忆。如图 5 – 48：

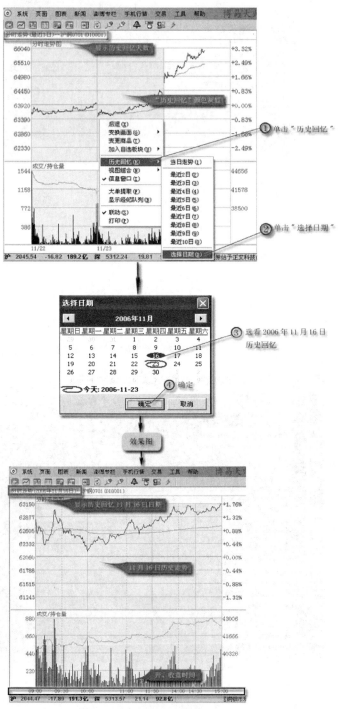

图 5 – 48

二十、退出系统

如何退出博易大师？

■ 方法一：直接点击窗口右上角的"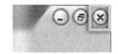"图标即可。如图5－49：

图5－49

■ 方法二：用户可以在菜单条的"系统"中通过"退出系统"来关闭博易大师。如图5－50：

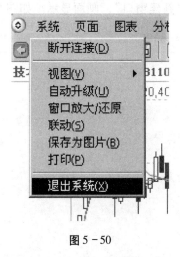

图5－50

第二节　高级使用方法

一、分割窗口

分割窗口操作步骤：

1. 在"菜单条"上选择"页面"。如图5－51：

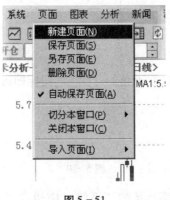

图 5 - 51

2. 在下拉菜单中选择"新建窗口",画面显示。如图 5 - 52:

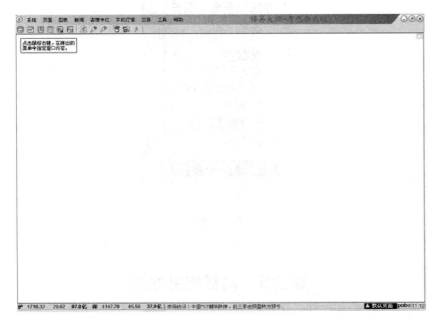

图 5 - 52

3. 点击鼠标右键→在右键菜单中点击"切分窗口"→选择"横切"。如图 5 - 53:

图 5 - 53

4. 切分后屏幕横向从中间一分为二。如图 5 - 54:

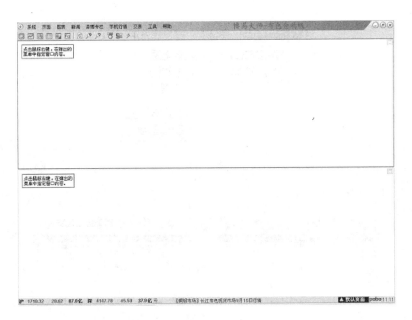

图 5 - 54

5. 同理，可以在菜单选择"竖切"，画面会在选中的窗口一分为二。如图 5 - 55：

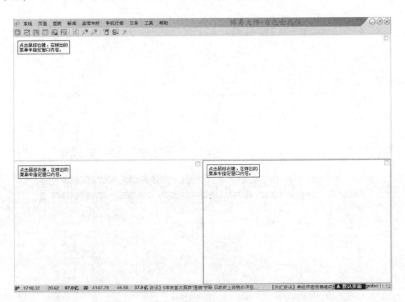

图 5 - 55

6. 窗口切分好以后，需要为每个窗口引入窗口属性，点击右键→在菜单中选择"变换画面"→"报价画面"。如图 5 - 56：

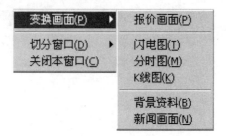

图 5 − 56

7. 引入后画面。如图 5 − 57：

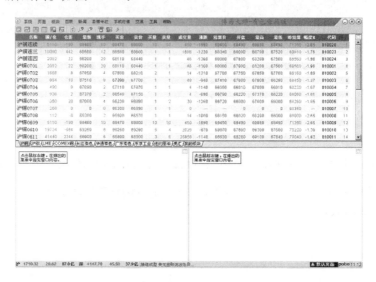

图 5 − 57

8. 同样可以在另外两个窗口中分别引入"分时图"和"K 线图"。如图 5 − 58：

图 5 − 58

9. 图 5 - 58 有放入信息窗口, 去掉信息窗口的方法是在窗口中点击鼠标右键→选择"信息窗口"→信息窗口前面的"√"就会去掉→信息窗口消失。如图 5 - 59:

图 5 - 59

10. 页面划分好以后, 如需让下面两个窗口同"报价画面"联动工作, 可以分别单击鼠标右键→选择"联动"。如图 5 - 60:

图 5 - 60

11. 联动后, 在报价画面双击某个品种, 图 5 - 58 的品种就会关联变化。

12. 页面建立好以后, 可以在"菜单条"→"页面"→选择"另存页面"。如图 5 - 61:

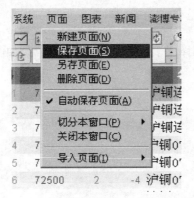

图 5 - 61

13. 输入页面名称后点"确定"即可保存。保存后在屏幕的右下角"自定义页面快速选择菜单"中就能看到自己设定的页面了。如图 5 - 62：

图 5 - 62

14. 点击"自定义页面快速选择菜单"后可以快速切换已经设置好的页面。如图 5 - 63：

图 5 - 63

二、编辑栏目

编辑栏目应用：

1. 在"菜单条"中选择"工具"→"编辑栏目"。如图 5 - 64：

图 5 - 64

2. 打开编辑栏目窗口。如图 5 - 65：

图 5 - 65

3. 博易大师中对不同的品种划分了不同的栏目，所以客户需要品种所对应的栏目，用户自定义的板块对应的就是"自定义"栏目。如图 5 - 66：

图 5 - 66

4. "↑↓"该按钮可以调整选中的栏目的位置。如图 5 - 67：

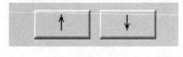

图 5 - 67

5. 该项输入数值，可以调整栏目的宽度。如图 5-68：

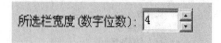

图 5-68

6. 该项输入数值，可以使报价画面的前 X 个栏目固定，不被游标拖动后隐藏掉。如图 5-69：

图 5-69

三、添加自选板块

1. 在"菜单条"上选择"工具"→在下拉菜单中选择"板块设置"。如图 5-70：

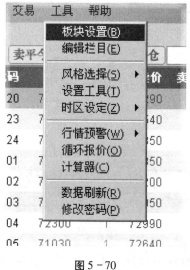

图 5-70

2. 弹出窗口。如图 5-71：

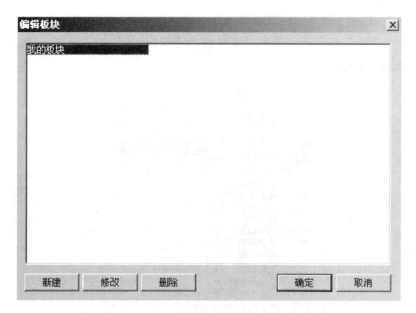

图 5 - 71

3. 点"新建",可以建立一个新的自选板块。如图 5 - 72:

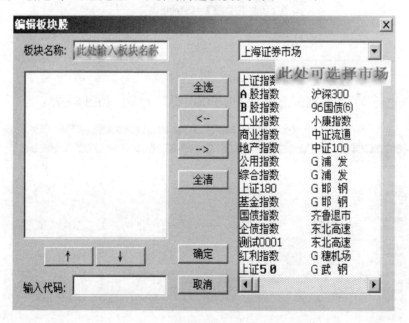

图 5 - 72

4. 该按钮可以调整选中的"自选股"的位置。如图 5 - 73:

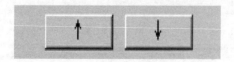

图 5 - 73

5. 点击"确定"即可保存做好的自选板块。如需把自选板块调出，可在"菜单条"上选择"板块"→在下拉菜单中选择"自选板块"，比如选择我建立的"LME＋COMEX"板块。如图5−74：

图5−74

6. 点击后，在报价画面出现"LME＋COMEX"板块。如图5−75：

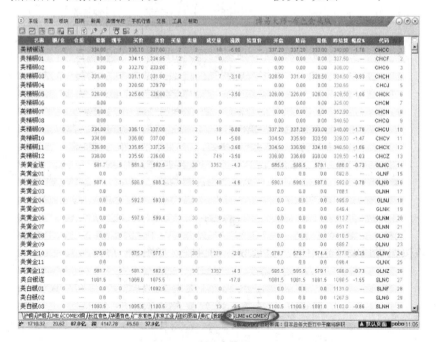

图5−75

四、颜色与字体大小

博易大师根据不同用户的需求，特为用户提供了系统颜色与字体大小的修改方案。

1. 用户可以单击菜单"工具"下的"设置工具"。如图5-76：

图5-76

2. 调出"颜色、字体设置工具"界面。如图5-77：

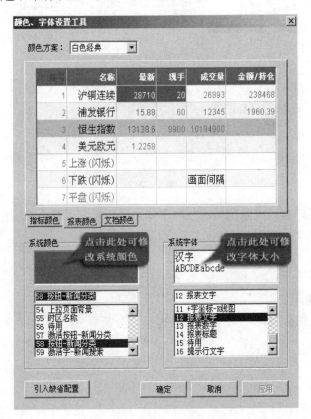

图5-77

3. 系统颜色的修改。如图 5 - 78：

图 5 - 78

4. 系统字体大小的修改。如图 5 - 79：

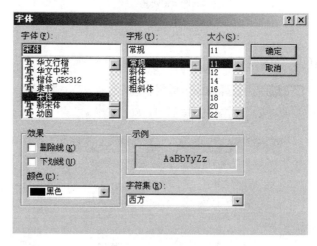

图 5 - 79

补充说明：用户修改完系统的颜色和字体之后，先调出其他的颜色方案，再返回到所修改的风格下，即可看到效果。

五、套利分析

套利分析的使用：

1. 进入 K 线画面→在"菜单条"上选择"分析"→在下拉菜单中选择"套利分析"。如图 5 - 80：

图 5 - 80

2. 弹出操作菜单。如图 5 - 81：

图 5 - 81

例 选择沪铜 0609 商品与沪铜 0701 商品以收盘价进行差价套利，显示套利。如图 5 - 82：

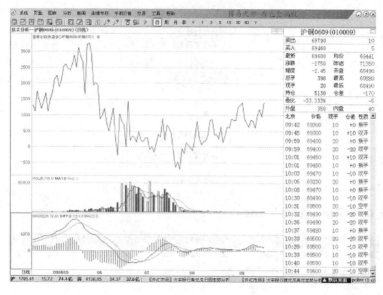

图 5 - 82

六、商品叠加

商品叠加的使用：

1. 进入 K 线画面→在"菜单条"上选择"分析"→在下拉菜单中选择"商品叠加"。如图 5 - 83：

图 5 - 83

2. 弹出操作菜单。如图 5 - 84：

图 5 - 84

例 在沪铜 0609 商品上叠加沪铝 0611 商品和豆粕 0611 商品，因为价格偏差比较大，所以使用"相对坐标"，叠加后如图 5 - 85：

图 5 - 85

3. 目前支持 8 个商品同时叠加，如果要删除叠加的某一商品，选中该商品 K 线，按"Del"键删除即可。

七、自定义指标

自定义指标的使用：

1. 进入 K 线画面→在"菜单条"上选择"分析"→在下拉菜单中选择"指标管

理"。如图 5 - 86：

图 5 - 86

2. 打开操作窗口。如图 5 - 87：

图 5 - 87

注："分组管理"是创建指标分组。

"全部"是所有指标按字母排序列表。

"自编"是所有自定义指标列表。

例　编辑 MA 移动平均线指标，在"指标管理"窗口点击"趋向指标"→选择"MA 均价"→点击修改→弹出窗口。如图 5 - 88：

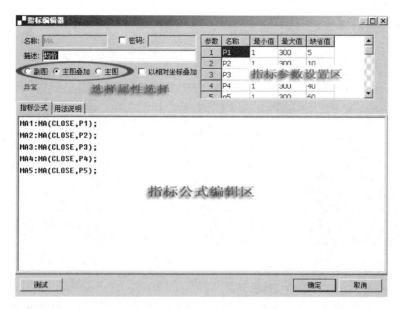

图 5－88

3. 每个指标的用法可以参照"用法说明"。

指标编辑好以后点击"测试按钮",出现"测试通过"则认为编辑完成。每个指标可以使用密码进行保护。

4. 指标的属性分为"主图"、"附图"、"主图叠加"三种。如图 5－89:

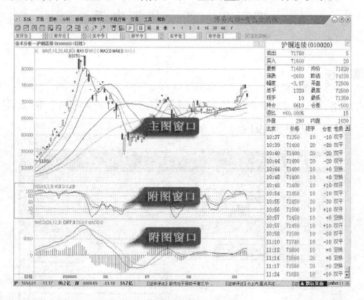

图 5－89

5. 主图可以显示标记为"主图"属性的指标和具有"主图叠加"属性的指标。指标如果需要叠加分析,可以直接输入具有"主图叠加"属性的指标代码。比如要叠加"布林通道"和"火车轨道",先将 MA 指标选中,按"Del"键删除,在输入"BOLL"和"RAIL"。如图 5－90:

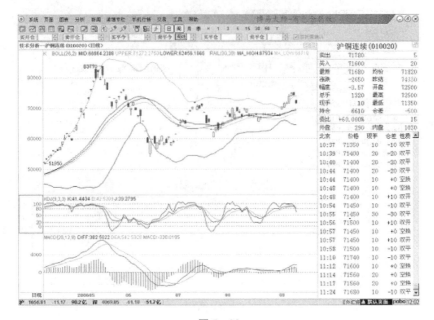

图 5 - 90

注：用户可以参考《博易大师指标编写教程——自定义指标编写教程》，其下载地址为 http://www.pobo.net.cn/software/zbjc.pdf。

第三节　新一代闪电手

一、登录行情系统

根据您的网络情况，选择合适的行情服务器（电信或网通），输入用户名及密码，点击"联机"按钮。见图 5 - 91：

图 5 - 91

注意：此处应填入行情用户名及密码，而不是交易客户号及交易密码。

二、登录交易系统

请确认博易大师上部工具栏中的"闪电状"按钮为按下状态，如图 5－92 所示。如未处于该状态，请将其按下。此时，交易登录界面应该出现在博易大师的底部。见图 5－93：

图 5－92

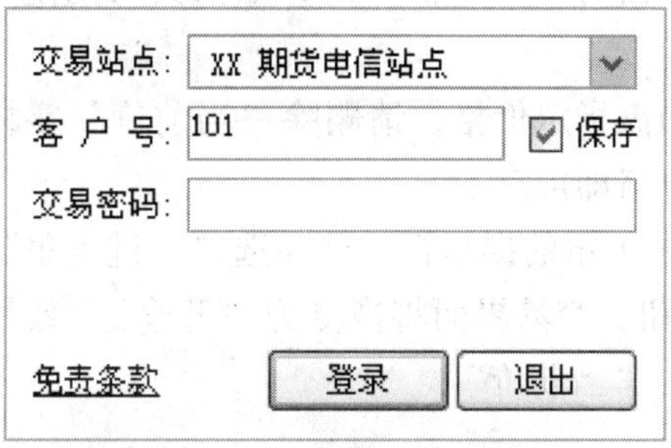

图 5－93

输入交易客户号及交易密码，并点击"登录"按钮。如有"交易站点"选择框，您还可以根据您的网络情况选择合适的交易服务器（电信或网通）。

注意：1. 输入交易密码时，为防止恶意软件盗取密码，请使用右侧的随机数字按钮。

2. 如果您点击了"登录"按钮，表明您已了解并接受"免责条款"。

点击"登录"按钮后，将陆续出现"客户信息确认"、"结算单确认"等提示窗口，请一律按"确认"按钮。

三、开仓

登录成功后，将出现一个交易界面。见图 5－94：

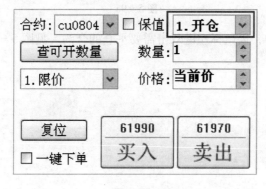

图 5－94

开仓步骤：

1. 在博易大师的报价、走势图或技术分析图中，切换到您所关注的品种。

2. 交易界面的"合约"将自动变为您当前关注的品种，"买入"和"卖出"按钮顶部将出现对应的下单价格。

3. 点击"买入"或"卖出"按钮即可下单。

4. 如有确认下单的提示框出现，请点击"是"。

提示：

1. 下单前，您可以修改"报价方式"、"价格"及"数量"。报价方式分"限价"和"市价"。

2. "限价"委托且价格为"当前价"时，如果买入则使用卖一价下单，如果卖出则使用买一价下单。

3. "限价"委托时如需指定价格，请删除"当前价"字样并填入价格；如需恢复"当前价"，删除填入的价格即可。

4. 如不希望出现确认下单的提示框，请勾选"一键下单"选项。

5. 点击"复位"按钮，交易界面将恢复为"开仓"，数量恢复为该合约的默认手数，价格恢复为"限价"、"当前价"。

四、平仓

平仓步骤如下：

1. 点选交易界面左侧列表的"交易"项。见图 5-95：

图 5-95

2. 在持仓列表中，以鼠标左键双击需要平仓的合约。见图 5-96：

图 5 - 96

3．此时交易界面将自动填入"合约"、"平仓"（或"平今"）以及"数量"。并且鼠标将自动定位至"买入"或"卖出"按钮上。见图 5 - 97：

图 5 - 97

4．鼠标自动定位至相应按钮后，直接点击鼠标左键下单。

5．如有确认下单的提示框出现，请点击"是"。

提示：

1．通过双击持仓列表来平仓最为快速，因此您无需手工选择"平仓"或"平今"。习惯键盘下单的用户请查看键盘下单。

2．下单前，您可以修改"报价方式"、"价格"及"数量"。

3．持仓列表中，上海期货交易所的合约依"昨仓"及"今仓"分别列出。双击这些合约时，博易大师将自动选用"平仓"或"平今"，无需您手工选择。

4．除上海期货交易所外，其他交易所不区分"昨仓"与"今仓"。

5．平仓单发出后，交易界面将自动恢复为"开仓"状态，方便您下次的开仓动作。如果您不希望自动恢复为"开仓"，请在参数设置中修改。

五、撤单

如委托单未成交或部分成交，需要撤单，可按如下步骤操作：

1．点选交易界面左侧列表的"交易"项。见图 5 - 98：

图 5 - 98

2. 在"可撤"列表中,以鼠标左键双击需要撤单的委托。见图 5 - 99:

	合约	方向	属性	持仓		可用		开仓均价	浮动盈亏		止损止盈	投保
持仓	cu0804	买	今仓	1		1		61990.00	200.00		✓	投机

	委托时间	合约	买卖	开平	委托价格	委手	成手	状态	备注
委托	11:10:05	cu0804	买入	开仓	61900.00	1	0	已申报,未成交	
可撤									

图 5 - 99

提示:

默认情况下,双击未全部成交的委托即撤单,无需确认。在参数设置中可修改为"需要确认"。

六、键盘下单

对下单速度有更高要求的用户可启用"键盘下单"功能,请按以下步骤操作:

1. 必要的设置

(1) 选中"参数设置"中的"我习惯使用键盘下单"和"同步切换行情窗口中的合约"项,并取消选中"使用简洁的下单界面"。

(2) 在"参数设置"的"快捷键"界面中,添加合适的快捷键。要了解如何设置快捷键,请点击此处。

2. 下单

(1) 点击合约输入框,使其获得焦点。

(2) 输入合约并按回车键或"↓"键。

(3) 输入数值或按"←"、"→"键设置下单数量,按回车键或"↓"键。

(4) 输入数值或按"←"、"→"键设置下单价格,按回车键或"↓"键。

(5) 此时下单界面下半部将变为橙色。按"1"(买开仓)、"2"(卖平今)、"3"

（卖平仓）、"4"（卖开仓）、"5"（买平今）或"6"（买平仓）即可下单。

（6）如有确认下单的提示框，请点击"是"。

提示：

（1）按"↑"、"↓"键可向上、向下切换输入焦点。

（2）按"＋"键可在下单界面的上、下部分之间快速切换。

（3）下单界面下半部变为橙色后，按"0"可撤销所有未全部成交的委托，按"."可查询资金及可开数量。

七、交易

"持仓"与"当日委托"在此并列显示，两者的比例可拖动调整。在列表中点击鼠标右键，可调出各自的右键菜单。见图 5-100。菜单项的说明见下文中的"当日委托"和"持仓"。点击"委托"和"可撤"将分别显示全部委托、可撤委托。

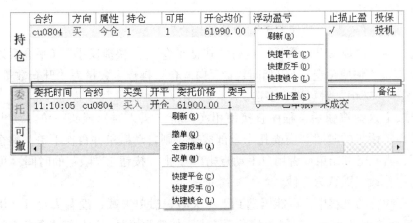

图 5-100

1. 当日委托（见图 5-101）

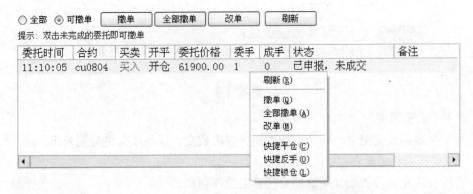

图 5-101

（1）"全部"、"可撤单"

如选中"可撤单"，委托列表只显示可以撤销（未全部成交）的委托；否则显示全部委托。

（2）鼠标左键双击列表中的某一项

•如委托可以撤销（未全部成交）则撤单。

•如委托为已成交的开仓委托则平仓。平仓数量为开仓数量，鼠标自动定位至"平仓（平今）"按钮后，按下鼠标左键即可下单。

（3）"撤单"

撤销选中的未全部成交的委托。选择委托时，按下"Ctrl"键可进行多选。

（4）"全部撤单"

撤销所有未全部成交的委托。

（5）"改单"

撤销列表中第一个选中的委托，用户对其进行修改后可重新发出。如该委托已成交或者已撤销，则直接进行修改。

（6）"刷新"

刷新当日委托列表。

（7）"快捷平仓"、"快捷反手"、"快捷锁仓"

对选中的"已成交开仓委托"进行"快捷平仓"、"快捷反手"（平仓后以相同数量反向开仓）、"快捷锁仓"（以相同数量反向开仓）操作，数量为"开仓数量"。选择委托时，按下"Ctrl"键可进行多选。

用户按下这些按钮后，程序直接使用卖一价（买入时）或买一价（卖出时）下单，如果在"限定的时间"内委托未全部成交，则自动撤单并再次下单。整个流程将持续进行，直到任务结束或者用户手动点击"中止"按钮。"限定的时间"可在"参数设置"中修改，默认为5秒。

任务在执行的过程中，可能因遇到下单失败、撤单失败、没有买卖盘（涨停或跌停）、交易所休市（收市）等异常状况而结束。如遇此情况，请仔细查看任务记录中的错误提示。另外，"事件日志"中也将保存当天全部的快捷操作记录。

2. 当日成交（见图5-102）

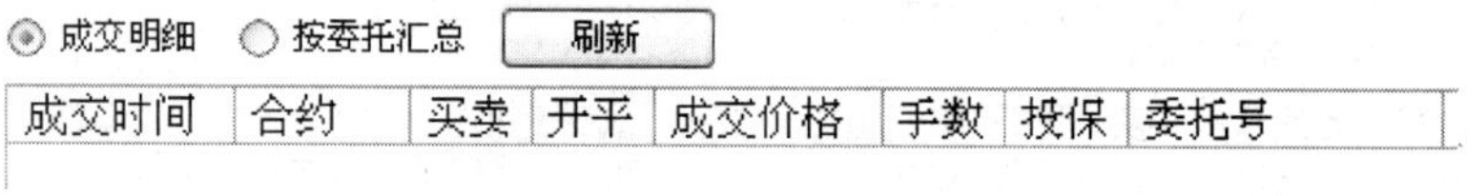

图5-102

（1）"成交明细"

列出全部的成交记录。一个委托可能分多次成交，这些成交将分别列出。

（2）"按委托汇总"

将所有成交记录依照其所属的委托号汇总后列出。

（3）"刷新"按钮

刷新当日成交列表。

3. 持仓（见图 5 – 103）

图 5 – 103

（1）"属性"列

如果合约为上海期货交易所合约，此列将显示"昨仓"或"今仓"；否则此列显示"–"。

（2）"可用"列

显示可平仓数量。可平仓数量为持仓数量减去冻结数量，冻结数量为所有未成交的平仓数量之和。

（3）"止损止盈"列

如已设置止损止盈，此处将显示"√"。鼠标左键点击此列可调出设置止损止盈的对话框。

（4）"刷新"

手动刷新持仓列表。

（5）"快捷平仓"、"快捷反手"、"快捷锁仓"

对选中的持仓合约进行"快捷平仓"、"快捷反手"（平仓后以相同数量反向开仓）、"快捷锁仓"（以相同数量反向开仓）操作，数量为"可用"数量。选择持仓合约时，按下"Ctrl"键可进行多选。

用户按下这些按钮后，程序直接使用卖一价（买入时）或买一价（卖出时）下单，如果在"限定的时间"内委托未全部成交，则自动撤单并再次下单。整个流程将持续进行，直到任务结束或者用户手动点击"中止"按钮。"限定的时间"可在"参数设置"中修改，默认为 5 秒。

任务在执行的过程中，可能因遇到下单失败、撤单失败、没有买卖盘（涨停或跌停）、交易所休市（收市）等异常状况而结束。如遇此情况，请仔细查看任务记录中的错误提示。另外，"事件日志"中也将保存当天全部的快捷操作记录。

（6）"止损止盈"

设置第一个选中的持仓合约的"止损止盈"。止损止盈的意思是当合约达到或超过设定的止损价或止盈价后自动平仓。在"参数设置"中可修改"连续多少笔成交达到或超过指定价位触发止损止盈"，默认为两笔。对于上海期货交易所合约，今仓和昨仓共用同一止损止盈设置，止损或止盈触发时先平今仓再平昨仓。

"浮动止损"允许用户对持仓合约设定一个根据市场价格变动而变动的止损单。浮动止损只在市场向着用户判断的方向运行时才有效，其参考价格是设定"止损止盈"时的合约价格。

例　用户卖出IF0803，成交价格12000。然后在12100设置止损，并选择"浮动止损"为10。则一旦市场朝着用户判断的方向运行，从12000下跌到11990，止损价也将自动向下调整10，从12100变为12090。如果下跌幅度小于10则止损价不变。如图5－104所示：

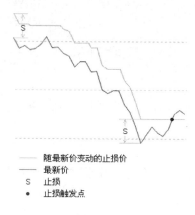

随最新价变动的止损价
最新价
S　止损
●　止损触发点

图 5－104

■ 设置方法：

设定止损止盈单时，请填写止损价、止盈价、浮动止损、数量以及有效期，并点击"添加"按钮。如不想使用止损、止盈、浮动止损中的某项功能，可将其填为0。不填写止损价而单独填写浮动止损时，浮动止损无效。见图5－105。有效期分"永久有效"及"当日有效"。"当日有效"的止损止盈单在下个交易日用户登录交易系统时会被自动删除。如果用户24小时一直在线（不重新登录）则不会删除。可以同时设定多个止损止盈单，但全部止损止盈单所关联的数量之和必须小于等于持仓数量。如出现止损止盈单关联数量之和大于持仓数量的情况，博易大师会自动进行调整。调整的原则是：

① 依止损价与最新价由近到远的次序，删除止损止盈单或减少止损止盈单所关联的数量。

② 依止盈价与最新价由近到远的次序，删除止损止盈单或减少止损止盈单所关联的数量。

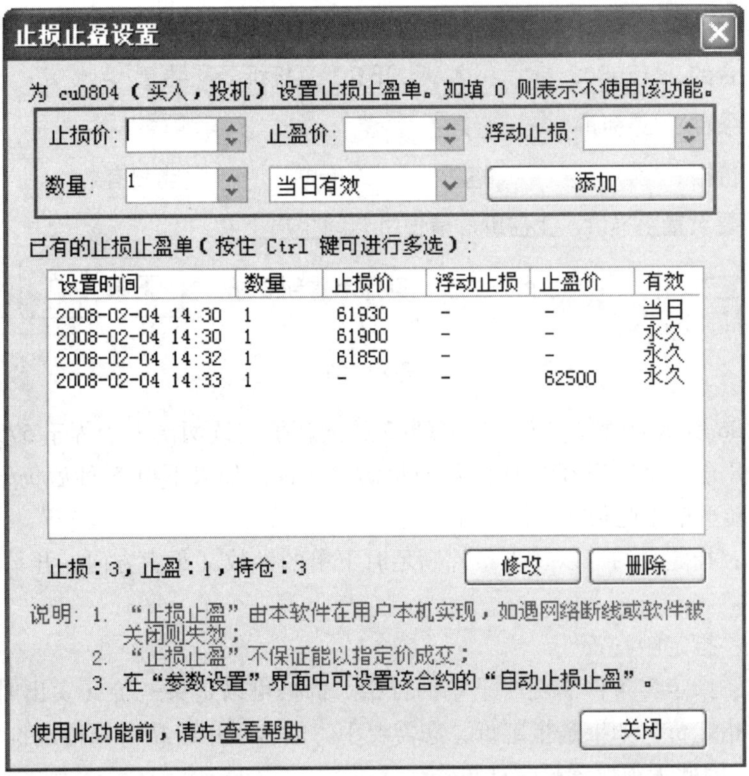

图 5－105

默认情况下，止损止盈触发时博易大师以当时的买一或卖一价下单。但用户也可以在"参数设置"中选择使用止损价、止盈价下单。博易大师同时提供"自动止损止盈"功能，您无需每次手工设定止损止盈价。

注意："止损止盈"由博易大师在用户本机实现，如遇网络断线或软件被关闭则失效（重新登录行情及交易服务器后"止损止盈"可再次生效）。"止损止盈"不保证能以指定价成交。每日开盘前请确认"止损"设置，如跳空开盘导致"止损"触发，可能造成损失。

止损或止盈触发后，平仓任务在执行的过程中可能因遇到下单失败、撤单失败、没有买卖盘（涨停或跌停）、交易所休市（收市）等异常状况而结束。如遇此情况，请仔细查看任务记录中的错误提示。另外，"事件日志"中也将保存当天全部的止损止盈记录。

4．条件单

（1）"价格触发"

当指定合约的价格满足所设条件时，软件会自动下单。见图 5－106：

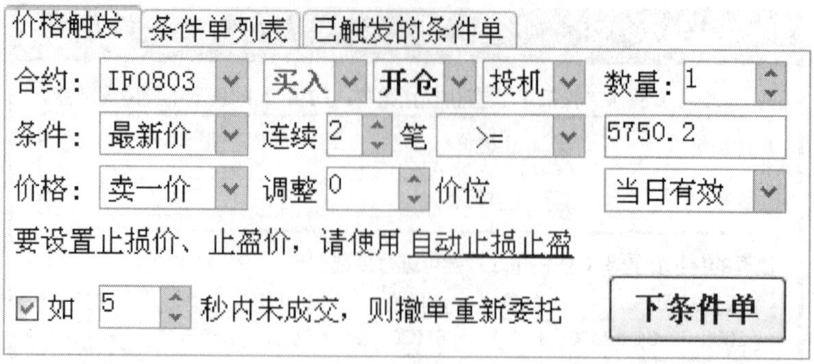

图 5 - 106

图 5 - 106 所示的内容表示：当 IF0803 的最新价连续两次大于等于 5750.2 时，以卖一价买入开仓 1 手。当 IF0803 的最新价满足条件，如果下单 5 秒后仍未全部成交，则撤单并重新下单。此条件单仅当日有效。

"合约"：指定合约，以及当条件满足时下单的参数（买卖方向、开平、投保、数量）；

"条件"：指定触发条件；

"价格"：指定当条件满足时下单的价格。价格可以是买一价（卖出时）、卖一价（买入时）、指定价。如果是指定价，您需要手工输入下单价格。以指定价发出委托时不保证成交，因此无须设置超时秒数。

"有效"：指定条件单的有效期。有效期分"永久有效"及"当日有效"。"当日有效"的条件单在下个交易日用户登录交易系统时会被自动删除。如果用户 24 小时一直在线（不重新登录）则不会删除。

注意："条件单"由博易大师在用户本机实现，如遇网络断线或软件被关闭则失效（重新登录行情及交易服务器后"条件单"可再次生效）。每日开盘前请确认"条件单"设置，如跳空开盘导致"条件单"触发，可能造成损失。

条件单触发后，任务在执行的过程中，可能因遇到下单失败、撤单失败、没有买卖盘（涨停或跌停）、交易所休市（收市）等异常状况而结束。如遇此情况，请仔细查看任务记录中的错误提示。另外，"事件日志"中也将保存当天全部的条件下单记录。

（2）"条件单列表"

未触发的条件单在此列出：

● "修改"按钮：修改第一个选中的条件单。

● "删除"按钮：删除所有选中的条件单。

● "立即下单"按钮：立即触发所有选中的条件单，根据其设定的参数（买卖、开平、投保、数量、价格）下单，而不论其条件是否满足。

（3）"已触发的条件单"

所有已触发的条件单在此列出，仅作备忘之用，无其他用途。

5. 参数设置

在"参数设置"界面中可调整博易大师交易系统的一些设定。见图 5 - 107：

图 5 - 107

(1)"交易设置"

①是否使用简洁的下单界面。如不选中此项则使用复杂下单界面，参见键盘下单。

②是否支持键盘下单。

● 如使用复杂下单界面，请参阅"键盘下单"；

● 如使用简洁的下单界面，键盘操作习惯与现有的金仕达、恒生等软件的习惯相同，例如："↑"、"↓"、"回车"键可切换输入焦点，"1"开仓、"2"平今、"3"平仓，"1"买入、"3"卖出，"1"限价、"3"市价，"←"、"→"调整下单价格和下单数量等。

● 不使用键盘下单的用户请勿选中此选项，以免发生误操作。

③在合约输入框中手工输入合约后，是否同步切换当前激活的报价、走势图或 K 线图的品种。如果启用了同步切换，且当前激活的走势图或 K 线图启用了"联动"，则其他启用了"联动"的走势图或 K 线图的品种也会被同步切换。

④双击委托列表中未全部成交的委托时，是否不提示而直接撤单。

⑤双击已成交的开仓委托后，是否进入平仓状态。平仓数量为开仓数量。见图 5 - 108：

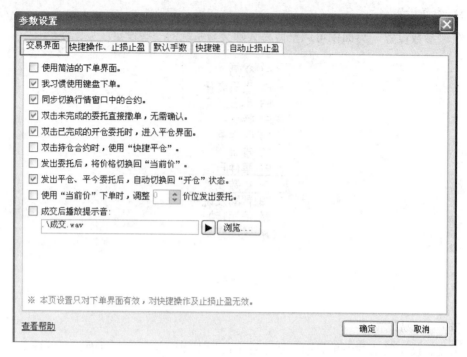

图 5-108

⑥双击持仓列表中的持仓合约时，是否使用快捷平仓。

• 选中此选项时，双击持仓合约与点击"快捷平仓"按钮的效果相同。

• 不选中此选项时，双击持仓合约后鼠标自动定位至"平仓"或"平今"按钮，用户点击鼠标左键即可下单。也可修改下单数量及价格后下单。

⑦发出委托后，是否将下单价格恢复为"当前价"。

⑧发出"平仓"、"平今"委托后，是否自动切换回"开仓"状态。此选项只对"简洁下单界面"有效。

• 选中此选项时，用户手动发出"平仓"或"平今"委托后下单界面将恢复为"开仓"状态，数量恢复为该合约的默认手数，方便下一次的"开仓"动作。

• 不选中此选项时，手动发出"平仓"或"平今"委托后下单界面将保持"平仓"或"平今"状态不变，数量也保持不变。

• 博易大师建议用户通过双击持仓合约来平仓，用户无需手工选择"平仓"或"平今"，因此推荐选中此选项。

⑨以"当前价"发出委托时，是否调整下单价格。

• 选中此选项并设置合适的调整价位后，当您以"当前价"下单时，委托价格将在"卖一价"（买入时）或"买一价"（卖出时）的基础上调整指定的价位。买入时向上调整，卖出时向下调整，以确保委托快速成交。

注意：调整的单位为"价位"，即每个合约的最小变动价格。如 cu 为 10，IF 为 0.2。此价位调整只在用户手动以"当前价"下单时有效。

⑩委托成交后，是否播放提示音。指定的声音文件（*.wav）必须存在。

（2）"快捷平仓"、"快捷反手"、"快捷锁仓"、"止损止盈"（见图 5－109）

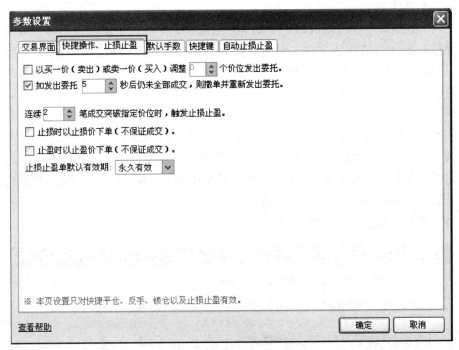

图 5－109

①价位调整。

执行"快捷平仓"、"快捷反手"、"快捷锁仓"和"止损止盈"任务时，下单价格将在"卖一价"（买入时）或"买一价"（卖出时）的基础上调整指定的价位。买入时向上调整，卖出时向下调整，以确保委托快速成交。

注意：调整的单位为"价位"，即每个合约的最小变动价格。如 cu 为 10，IF 为 0.2。

②委托的超时设置。

执行"快捷平仓"、"快捷反手"、"快捷锁仓"和"止损止盈"任务时，如委托在指定时间内未全部成交，则撤单并重新发出委托，以确保任务及时完成。

③"止损止盈"触发信号的过滤。

此参数可防止"止损止盈单"被偶尔的、不可持续的成交价格所触发。

④止损时的平仓价格。

以止损价发出委托，而不是以当时的买一、卖一价发出委托，不保证成交。不推荐勾选此项。

⑤止盈时的平仓价格。

以止盈价发出委托，而不是以当时的买一、卖一价发出委托，不保证成交。

⑥止损止盈单的默认有效期。

启用自动止损止盈功能后，此选项用以控制自动生成的止损止盈单的有效期。有效期分"永久有效"及"当日有效"。"当日有效"的止损止盈单在下个交易日用户登录交易系统时会被自动删除。如果用户24小时一直在线（不重新登录）则不会删除。

（3）默认手数

默认手数指每个合约默认的下单数量。当您在下单界面中填入合约时，数量会被自动设置为该合约的默认手数。要修改默认手数，请先选中列表中的合约，然后在"默认手数"输入框中输入数值并点击"修改"按钮。点击"全部复位"按钮可将所有合约的默认手数恢复为1。

（4）快捷键

此功能可帮助使用键盘下单的用户更快速地输入合约代码。

例　如果将"快捷键"设置为"0"、"代表"设置为"cu08"并点击"添加"按钮，则用户在下单界面或条件下单界面的合约框中输入"0"时，"cu08"将被自动填入。即敲击"004"就可输入"cu0804"。

（5）自动止损止盈（见图5-110）

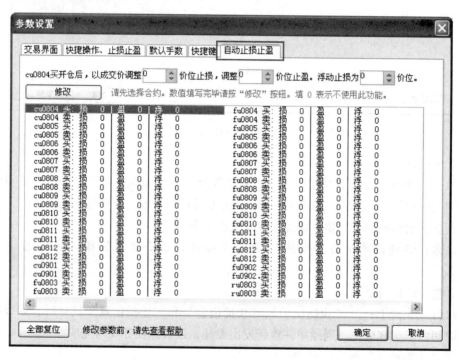

图5-110

为某个合约设置自动止损止盈后，每当该合约开仓成交，对应的止损止盈价将被自动设置。

例　假设P为买开仓成交价，M为合约最小变动价位，S为自动止损参数，则止损价将被设置为"P-M*S"。

修改自动止损止盈设置时，先选中要修改的合约，然后输入"止损"、"止盈"和"浮动止损"参数并点击"修改"按钮即可。如果不想使用其中的某项功能，可将其填为0。点击"全部复位"按钮可清除所有合约的自动止损止盈设置。

注意：此处参数的单位为"价位"，即每个合约的最小变动价格。如cu为10，IF

为 0.2。

（6）修改密码

在此可修改"交易密码"及"资金密码"。

6．事件日志

事件日志分"全部日志"、"快捷操作日志"、"止损止盈日志"及"条件单日志"，保存了当日所有种类任务的执行记录，包括任务开始时间、执行过程以及结果，供用户查询。

注意：事件日志只保存当日的记录。

附录　实验项目

一、期货商品趋势交易实验

〔教学时数〕3 学时

〔教学方法与手段〕实验

〔实验目的〕

本实验的目的是要让学生掌握趋势交易的主要方法，并对未来期货商品运行方向作出预测。

〔实验内容及原理〕

1. 要求：使用自己熟悉的行情分析软件，按照月、周、日三个时间周期对你自己感兴趣的期货商品分别作出如下分析，并将结论写在实验报告上，要求截图。

（1）从所选期货商品的月线图上看（应该参照该商品的连续合约），长期趋势处于（　　　）趋势，中期处于（　　　）趋势，短期处于（　　　）趋势。

（2）从所选期货商品的周线图上看（应该参照该商品的连续合约），长期趋势处于（　　　）趋势，中期处于（　　　）趋势，短期处于（　　　）趋势。

（3）从所选期货商品的日线图上看，长期趋势处于（　　　）趋势，中期处于（　　　）趋势，短期处于（　　　）趋势。

原理：进行如上分析的原理是从大尺度到小尺度对所选期货商品所在的趋势形态有一个充分的认识，为以后的分析提供一个大的分析框架。使用的分析方法为趋势分析技术（可以目测，也可以用趋势线辨识）。

2. 要求：使用各种技术分析方法，如 K 线分析、均线分析、形态分析、指标分析、切线分析法等方法对所选期货商品进行预测分析，然后进行综合，最后得出技术分析结果：所选期货商品短期会（　　　）、中期会（　　　）、长期会（　　　）的结论。这一部分要求将分析的过程和结论写在实验报告中，可以截图说明分析过程。

原理：使用综合技术分析得出预测结果。

3. 要求：最后对前两部分的结论再次综合分析，得到你的最终结论：所选期货商品短期会（　　　）、中期会（　　　）、长期会（　　　）的结论。这一部分要求将分析的过程和结论写在实验报告中。

原理：多种分析方法共同求证。

二、期货条件单交易实验

［教学时数］3 学时

［教学方法与手段］实验

［实验目的］

本实验的目的是要让学生掌握期货条件单的下法。

［实验内容及原理］

要求：使用自己在期货公司开立的交易软件或自己在期货公司申请的模拟交易软件，按照中篇所讲的条件单的操作方法进行条件单交易，要求将行情触发条件及一个条件单触发的实际交易案例用截图的形式，将你下的条件单界面和条件单触发界面截图附在实验报告上。

原理：条件单一般是以价格作为交易委托的条件，一旦条件符合就立即由计算机产生一个委托单。

三、期货止损保护实验

［教学时数］3 学时

［教学方法与手段］实验

［实验目的］

本实验的目的是要让学生掌握期货止损保护的操作。

［实验内容及原理］

要求：①使用自己在期货公司开立的交易软件或自己在期货公司申请的模拟交易软件，首先按照技术分析或基本分析开立一个仓位。在实验报告中截图说明开仓的理由和点位。

②通过技术分析或资金位止损方法为前面开立的仓位设定一个合理的止损位，请将止损位的确定方法和通过交易软件将止损单下到场中进行止损保护的下单界面截图并记录在实验报告中。

原理：止损单一般最好开仓时就下，对前面的头寸进行充分的保护，这样不至于单笔交易亏损太多。

四、画线分析实验

[教学时数] 3 学时

[教学方法与手段] 实验

[实验目的]

本实验的目的是要让学生掌握画线分析方法，并对未来关注的期货品种的运行方向作出预测。

[实验内容及原理]

总体要求：选取自己感兴趣的期货商品的日线图，在此图上分别作出趋势线、水平线、甘氏线、黄金率线画图并分析，每一种画法要求截图一次并将画线痕迹保留在截图上，将截图放入实验报告中，然后在截图下方附上分析语句。

总体原理：交易者的心理反映所提示的预计意义。

五、期货基本分析试验

[教学时数] 3 学时

[教学方法与手段] 实验

[实验目的]

本实验的目的是要让学生掌握期货基本分析方法，并对期货未来运行作出判断。

[实验内容及原理]

要求：学生自己选择一个自己感兴趣的商品期货，应用商品的供需分析对商品未来价格的运行作出判断。要求从商品的供给、商品的需求、商品的供需综合分析三个方面来分析商品的价格未来走势，将分析内容写在实验报告上。

原理：商品的基本分析核心是商品的供需分析。

六、期货模拟交易实验

[教学时数] 15 学时

[教学方法与手段] 实验

[实验目的]

本实验的目的是要让学生综合使用各种分析方法进行交易。

[实验内容及原理]

要求：学生利用自己的实盘交易账户（以实验开始的初始资金为基准计算收益率）或在期货公司开立的模拟交易账户或自己设计的模拟交易账户（10 万为初始资金）进

行自选对象的连续交易实验，要求 20 次交易。每次交易请将（1）买卖期货名称、时间、数量、理由并加当时的开仓截图；（2）平仓理由及截图；（3）这一次的交易总结。这三块内容集中放在实验报告中形成一次完整交易记录。一共做成 20 笔完整的交易。

　　要求：对上面 20 笔交易进行交易总结：总结的内容分为两个部分，其一是交易成绩概况表（见附表 1），另外一个部分就是对这 10 笔交易的一个交易总结。

附表 1　　　　　　　　　　　　　　　**交易成绩概况表**

总交易正确率	总收益百分比	单次最大盈利	单次最大亏损	风险收益比

　　注：风险收益比 = 获利总收益/亏损总损失。